TRAUMSTRASSEN

Ulrike Schöber

TRAUMSTRASSEN

Die schönsten Reiserouten der Welt

Naumann & Göbel Verlagsgesellschaft mbH
Emil-Hoffmann-Str. 1
D - 50996 Köln
Gesamtherstellung: Naumann & Göbel Verlagsgesellschaft mbH

ISBN 978-3-625-11516-8

www.naumann-goebel.de

VORWORT

Seidenstraße und Jakobsweg, Route 66 und Panamericana – das sind nur vier von vielen klangvollen Namen einzigartiger Straßen, die Orte, Städte, Länder und natürlich die Menschen überall auf der Erde miteinander verbinden. Straßen, die es wert sind, befahren zu werden, Straßen, die Fernweh wecken, und Straßen, von denen zahlreiche Menschen träumen – manche ihr Leben lang.

Schon von Anbeginn an bewegten sich die Menschen auf immer wieder denselben Pfaden und Wegen durch ihre Umwelt und als die menschliche Entwicklung so weit gediehen war, dass auch Tauschhandel zwischen einzelnen Stämmen und Völkern betrieben wurde, entstanden Straßen in unserem heutigen Sinne. So gelten die Salz- und Bernsteinstraßen aus prähistorischer Zeit als die ältesten Straßen der Welt. Sie folgten in ihrem Verlauf meist lebensspendenden Flüssen und Pässen, die eine Überquerung der Gebirge ermöglichten.

Ägypter und Babylonier waren die ersten, die ihre Straßen nach Plan anlegten und bauten. Die Römer waren diejenigen, die ihr Reich systematisch durch Straßen erschlossen und sie zur Sicherung ihrer Herrschaft nutzten: Bereits im ersten Jahrhundert verfügten sie über ein Straßennetz von rund 80 000 km Länge. Ein Teil davon wurde auch noch im Mittelalter benutzt und manche Straßen – wie die Via Appia – existieren noch heute.

Dieses Buch präsentiert eine Auswahl der schönsten und interessantesten Traumstraßen aus aller Welt mit ihren wichtigsten Stationen. Diese Traumstraßen führen durch wunderbare Landschaften zu faszinierenden Sehenswürdigkeiten und in bezaubernde kleine Dörfer ebenso wie in riesige, brodelnde Metropolen. Sie verbinden menschenleere Gegenden mit dicht besiedelten Regionen, sie erschließen fast unberührte Naturräume voller Pflanzen und Tiere ebenso wie die Zeugnisse untergegangener Hochkulturen.

Die Traumstraßen in diesem Buch unterscheiden sich in Hinblick auf ihr Alter, ihre Länge, ihre Bedeutung und natürlich durch ihren Verlauf. Doch eines verbindet sie alle: Eine Reise auf einer Traumstraße bedeutet ein einmaliges Erlebnis, das unweigerlich wieder Fernweh und die Sehnsucht nach einer weiteren Traumstraße weckt.

Inhalt

Europa

Asien

Afrika

Amerika

Australien und Ozeanien

EUROPA

Obwohl Europa kein eigenständiger Kontinent ist, sondern zusammen mit Asien den Kontinent Eurasien bildet, wird es als unabhängiger Erdteil angesehen. Geprägt durch ein reiches Kulturerbe und eindrucksvolle Landschaften, bietet Europa mit seinen modernen Metropolen und zahlreichen gut erhaltenen mittelalterlichen Stadtkernen eine beeindruckende Vielfalt. Die europäischen Traumstraßen führen nicht nur zum nördlichsten und westlichsten Punkt dieses zweitkleinsten Kontinents in Norwegen bzw. Portugal. Sie erschließen beispielsweise mit dem Jakobsweg auch das Christentum als prägende Religion Europas und mit der Via Appia die Antike als nachhaltig wirkende Epoche. Straßen wie die Deutsche Alpenstraße oder die französische „Grande Route" verbinden Natur, Kultur und Geschichte auf einzigartige Weise und machen jede Reise zu einem faszinierenden Erlebnis.

BERGEN
HAVNEVESEN
JULEHUSET
BRYGGEN HANDEL
KNUT SKURTVEIT
AUDHILD VIKENS VEVSTOVE

Zu Islands Naturhighlights

REYKJAVIK → GEYSIR STROKKUR → VULKAN HEKLA → LANDMANNALAUGAR → JÖKULSARLON

Eine Reise auf die erdgeschichtlich noch junge Vulkaninsel Island ist eine Reise zu den fantastischsten Naturwundern, die unsere Erde zu bieten hat.

Reykjavík *(oben)*

Auch die Hauptstadt Reykjavík ist stark eingebunden in das vulkanische Geschehen, werden doch alle Häuser mit geothermischer Energie beheizt: Deshalb haben die Häuser hier meist keinen Schornstein. In einer der kleinsten Hauptstädte der Welt lebt etwa die Hälfte der Bevölkerung des Landes, die auf eine Tatsache besonders stolz ist: Hier gibt es das älteste Parlament der Welt.

Geysir Strokkur *(links)*

Gute 100 km östlich von Reykjavík liegt das Geysirfeld von Haukadalur mit dem berühmten Strokkur (Abbildung) und dem Großen Geysir. Ein Geysir ist eine heiße Wasserquelle vulkanischen Ursprungs, die nach oben in die Luft schießt. Während der Große Geysir das nur sehr unregelmäßig tut, dafür aber 60 m hoch, speit der brave Strokkur regelmäßig alle 6 bis 15 Minuten eine 25-m-Fontäne.

Vulkan Hekla *(oben)*

Weiter Richtung Süden geht es zur Hekla (Abbildung), Islands bekanntestem Vulkan mit einem 7 km langen Rücken aus Lava und Asche. 1491 m hoch, ist er immer von Schnee bedeckt, denn die Durchschnittstemperatur auf Island liegt auch im Sommer nur bei 11 °C. Auch wenn Hekla ganz friedlich daliegt: Sie ist keineswegs erloschen oder untätig. So hat sie die Jahrtausendwende mit einem Ausbruch gebührend gewürdigt.

Landmannalaugar *(unten links)*

Vom Vulkan Hekla nicht weit entfernt in Richtung Osten befindet sich mit Landmannalaugar ein Gebiet von ganz besonderem Reiz: Heiße Quellen brodeln wie in einem Kochtopf vor sich hin, warme Bäche laden zum Baden ein und das fantastische Farbspiel der unterschiedlichen Erden und Gesteine, das auf verschiedene Gase zurückgeht, schmeichelt den Augen.

Jökulsárlón *(unten rechts)*

Richtung Osten durch den Skaftafell-Nationalpark mit seinen unzähligen Wasserfällen und der Heidelandschaft endet die Traumstraße am Jökulsárlón, zu deutsch „Gletscherflusslagune". Auf dem größten und populärsten Gletschersee Islands treiben Eisberge, die so hoch wie ein dreistöckiges Haus sein können. Wer Glück hat, sieht sogar Seehunde, denn manchmal schwimmen sie vom offenen Meer in den See hinein.

Auf Trollpfaden

OSLO → HARDANGERVIDDA NATIONALPARK → BERGEN → URNES → GEIRANGERFJORD → TRONDHEIM → NARVIK → NORDKAP

Diese Traumstraße führt durch eine paradiesische Natur, die zum Schwelgen in Ursprünglichkeit und Einsamkeit verführt, bis zum Nordkap.

Oslo *(oben)*

In der norwegischen Hauptstadt Oslo findet der Reisende bereits erste Hinweise auf das, was ihn auf dieser Traumstraße bis zum Nordkap erwartet. Das sind Fjorde wie der Oslofjord und Wälder wie jene, die Oslo umgeben. Die Mythen von Trollen und Riesen scheinen sich in den Skulpturen des Vigelandparks wiederzufinden. Schloss Akershus (Abbildung) und das Königliche Schloss erinnern daran, dass Norwegen eine konstitutionelle Erbmonarchie ist.

Hardangervidda Nationalpark
(linke Seite unten)

Aus der Großstadt geht es vorbei an der Stabkirche von Heddal durch die Telemark, Norwegens beliebte Wintersportregion, zur Hardangervidda. Diese größte Hochfläche Skandinaviens liegt 1200 bis 1400 m über dem Meeresspiegel und ist bei Wanderern, Anglern, Jägern und Wintersportlern gleichermaßen beliebt. In den baumlosen Weiten, für die Moose, Felsen und Seen typisch sind, leben die größten wilden Rentierherden Europas.

Bergen *(oben)*

Im Mittelalter war Bergen eine der wichtigsten Hansestädte: Das bezeugen bis heute die romantischen Holzhäuser von Bryggen, dem alten Kaufmannsviertel (Abbildung). Doch der Eindruck täuscht: Bergen ist heute eine Erdölmetropole und eine wichtige Hafen-, Industrie- und Universitätsstadt. Von der alten Bausubstanz ist nur wenig übrig geblieben, da Brände die Holzhäuser immer wieder zerstört haben.

Urnes *(unten)*

Von Bergen Richtung Nordosten erreicht man die imposante Stabkirche von Urnes (1130–1140). Da Holz das traditionelle Baumaterial Skandinaviens ist, wurde es auch für die Kirchen verwendet. Die Pfosten – Stäbe – sind mit wunderbaren Schnitzereien dekoriert, darunter Ranken, Schlangen und Löwen, aber auch Reiter, Handwerker und Ornamente. Vermutlich verbinden sich Elemente der Wikingerkultur mit solchen der christlichen Romanik.

Geirangerfjord *(oben)*

Durch die wunderbare Landschaft führt die Traumstraße zu einem absoluten Naturhighlight: Zwischen hohen, steilen Felswänden glänzt das Wasser des Geirangerfjords, der sich tief und schmal ins Land schneidet. Mit seinen tollen Aussichten und den zahlreichen Wasserfällen mit klangvollen Namen wie „Brautschleier" oder „Sieben Schwestern" ist er auch ein Muss für jede Skandinavienkreuzfahrt.

Trondheim *(unten)*

Trondheim, bildschön gelegen am gleichnamigen Fjord, markiert etwa ein Drittel der Strecke. Die drittgrößte Stadt Norwegens bezaubert Besucher mit ihrer Altstadt. Hier gibt es neben den bekannten Speicherhäusern auf Stelzen (Abbildung) noch viele weitere Holzhäuser, die eine heimelige Atmosphäre verbreiten. Kunsthistorisch bedeutend ist der Nidarosdom, eine der größten Kirchen Skandinaviens und der Krönungsort der norwegischen Könige.

Narvik *(oben)*

Auf dem Weg von Trondheim nach Narvik gibt es so viele zum Träumen einladende Fjorde, Wälder und Berge, dass die Glücklichen unter den Reisenden sicher auch einen Troll oder einen Riesen zu Gesicht bekommen, zumindest aber einen Elch. In Narvik angekommen, fällt auf, dass hier alle Häuser aus Stein sind: Die Holzhäuser wurden im Zweiten Weltkrieg während der deutschen Besetzung zerstört.

Nordkap *(unten)*

Auf dem letzten Stück der Reise bezaubern u. a. das imposante Panorama am Lyngenfjord und die karge Tundra in der Finnmark. Doch dann ist das Ziel erreicht: das Nordkap. Der gut 300 m hohe Felsen gilt zwar als nördlichste Spitze Europas, ist es aber nicht, sondern das benachbarte Kap Knivskjelodden. Doch die Aussicht ist bei gutem Wetter einmalig und bei schlechtem Wetter kann man in der Nordkaphalle mit Champagner auf die gelungene Reise anstoßen.

Durch die Highlands

GLEN COE → INVERARAY → GLASGOW → EDINBURGH → ST. ANDREWS → GLAMIS CASTLE → BALMORAL CASTLE → EILEAN DONAN CASTLE

Diese Traumstraße verbindet unberührte Natur mit der wechselvollen Geschichte und der reichen Kultur Schottlands auf das Wunderbarste.

Glen Coe *(oben)*

In den kargen Highlands beginnt diese Traumstraße. Die herbe Einsamkeit der Berge und des Tals von Glen Coe ging im Februar 1692 auf schreckliche Weise in die Geschichte der Auseinandersetzungen zwischen England und Schottland ein: Im Tal der Tränen wurde der Clan der Macdonalds ausgerottet. Zuvor hatten die 120 Engländer zwei Wochen lang die Gastfreundschaft der Macdonalds genossen!

Inveraray *(unten)*

Als erste bewusst geplante Stadt Schottlands fällt Inveraray aus dem Rahmen: Der Duke of Argyll hatte ein Gesamtprogramm vor Augen, als er seine alte Burg und das dazugehörige Dorf komplett abreißen und ein wenig entfernt als Inveraray neu errichten ließ. Architektur von Stadt und Schloss sind wunderbar in die Landschaft eingepasst – und Inveraray Castle (Abbildung) mit seiner klassizistischen Komposition wirkt sehr unschottisch.

Glasgow *(oben links)*

Richtung Süden, am Loch Lomond vorbei, geht es nach Glasgow. Die größte Stadt Schottlands liegt zu beiden Seiten des Clyde und scheidet die Gemüter. Die einen hassen sie als Industrie- und Arbeiterstadt, die anderen lieben sie als kosmopolitische Metropole, die 1999 den Titel „UK City of Architecture und Design" erhielt. Tatsächlich bietet Glasgow für jeden etwas, egal ob Kathedrale, Nekropolis, Museum der Weltreligionen, Burrel Collection oder Gallery of Modern Art (Abbildung).

Edinburgh *(oben rechts)*

Zügig weiter Richtung Osten nach Edinburgh fahren all jene, die Glasgow nicht mögen. Die Konkurrenz der beiden Städte hat Tradition und wer das romantische, literarische Schottland sucht, ist hier genau richtig: Das Schloss thront auf einem Felsen über der Stadt, in der Altstadt bilden die schmalen Gassen fast ein Labyrinth und die Neustadt mit ihren gregorianischen Häusern ist ein geordnetes Pendant dazu. Das I-Tüpfelchen ist das alljährliche Musik- und Theaterfestival.

St. Andrews *(unten)*

Die Küstenstraße bietet auf der Strecke nach St. Andrews fantastische Ausblicke und die Stadt selbst präsentiert dem Besucher die sportliche Seite der Schotten: St. Andrews gilt – nicht nur in Großbritannien – als Mekka des Golfsports. Am Old Course residiert der Royal and Ancient Golf Club of St. Andrews, der älteste Golfclub der Welt, der bis heute für das Reglement zuständig ist. Außerdem hat die Stadt noch die St. Rule's Church, die Kathedrale mit dem Tower und die älteste Universität Schottlands zu bieten.

Glamis Castle *(unten)*

Weiter gen Norden erreicht die Traumstraße wieder die Highlands, und zwar Glamis Castle (Abbildung). Es liegt wunderschön am Ende einer langen Allee und inmitten eines Landschaftsgartens, den der berühmte Capability Brown um 1770 schuf. Shakespeare hat es populär gemacht, dessen Titelfigur Macbeth als Than von Glamis König Duncan ermordete. Allerdings nicht in der Duncan Hall von Glamis Castle, denn die wurde erst viel später errichtet – sie ist der älteste Teil der heutigen Burg.

Balmoral Castle *(rechte Seite oben)*

Westlich der Hafenstadt Aberdeen ist Balmoral Castle (Abbildung) für viele Briten im Herbst ein besonderes Urlaubsziel: Mit etwas Glück haben sie dann Gelegenheit, einen Blick auf die berühmteste Besucherin zu erhaschen – Queen Elizabeth. Alljährlich folgt sie den Spuren ihrer Ahnen Queen Victoria, die 1848 mit Prinz Albert dieses „pretty little castle" als Feriensitz für sich entdeckte.

Eilean Donan Castle *(unten)*

Über Aviemore und Inverness durch eine der atemberaubendsten Landschaften Schottlands führt die Route zum krönenden Abschluss: Auf einem Felsvorsprung, wo drei Buchten aufeinander treffen, liegt Eilean Donan Castle. 1719 besiegten hier die Engländer die spanischen Besatzer und zerstörten dabei die Burg, die erst Anfang des 20. Jahrhunderts wieder aufgebaut wurde.

Rund um die grüne Insel

DUBLIN → KILKENNY → CASHEL → CORK → KILLARNEY NATIONAL PARK → DINGLE → LIMERICK → BURREN → CONNEMARA NATIONAL PARK → DONEGAL → GIANT'S CAUSEWAY → BELFAST

Die Traumstraße rund um die grüne Insel Irland ist vor allem eine Reise durch wunderschöne Landschaften mit alten Klöstern und Steinzeitrelikten.

Dublin *(linke Seite)*

Die Route beginnt in Dublin, der Hauptstadt der Republik Irland, und endet in Belfast, der Hauptstadt von Nordirland. Man kommt also nicht umhin, die Insel auch als geteilten Staat wahrzunehmen. Die pulsierende Metropole Dublin ist das wirtschaftliche und kulturelle Zentrum Irlands und präsentiert dem Besucher ein offenes, großzügiges, klassizistisches Stadtbild (Abbildung).

Kilkenny *(oben links)*

Von Dublin führt die Route erst nach Süden, dann nach Westen zur „Marble City" Kilkenny. Denn die Häuser dieser schönen Stadt sind zwar aus dem Kalkstein der Region gebaut, glänzen jedoch poliert wie dunkler Marmor. Von der verwinkelten Altstadt ist es nicht weit zu den beiden Hauptsehenswürdigkeiten der Stadt, die jeweils in ihrem Bereich zu den wichtigsten Irlands zählen: St. Canice's Cathedral und Kilkenny Castle (Abbildung).

Cashel *(oben rechts)*

Westlich von Kilkenny liegt in einer weiten, grünen Ebene Cashel, ein kleines Dorf, das von einem 60 m hohen Felsen überragt wird. Auf diesem Felsen thront eine gewaltige, von Mauern geschützte mittelalterliche Burganlage mit Kloster, Kirche und Kathedrale. Dieses Ensemble ist eine der bedeutendsten Sehenswürdigkeiten Irlands. Die kleine Cormac's Chapel (Abbildung) im Schatten der gewaltigen Kathedrale gilt als eine der schönsten romanischen Kirchen Irlands.

Cork *(unten)*

Durch die Galty Mountains geht es weiter nach Cork. Durch die Stadt fließen mehrere Kanäle, die ihr immer wieder Vergleiche mit Städten auf dem Kontinent einbringen, vor allem mit niederländischen. Auch die vielen Brücken und Kais erinnern daran und verleihen der Altstadt ihr ganz eigenes malerisches Flair. In den überdachten Markthallen dagegen, fühlt man sich eher an Südeuropa erinnert.

Killarney National Park *(oben)*

Die Traumstraße führt weiter Richtung Westen zum fantastischen Seengebiet direkt südwestlich von Killarney. Die Landschaft verzaubert durch die Verquickung von Bergen, Hügeln und Seen sowie einer üppigen Vegetation aufgrund des milden Klimas. In der Stadt wachsen Palmen und im Nationalpark Bambus, Riesenfarne und riesige Rhododendren. Eine Sehenswürdigkeit im Park ist das viktorianische Muckrose House (Abbildung) mit seiner prächtigen Gartenanlage.

Dingle *(unten)*

Naturfreunde werden von Killarney aus einen Tag für den Ring of Kerry einplanen, bevor sie sich der benachbarten Halbinsel Dingle zuwenden. Hier wechseln sich steile Felsen und malerische Buchten mit feinem Sand ab. Die Küstenstraße wartet außerdem mit unzähligen Steinzeugnissen der frühzeitlichen Menschen auf, während der Hafenort Dingle mit seinen bunten Häusern und dem freundlichen Flair besticht.

Limerick *(oben)*

Dem Mündungsdelta des Shannon entlang geht es nach Limerick. Die drittgrößte Stadt Irlands wurde im 9. Jahrhundert von den Wikingern gegründet und ist heute ein Handels- und Verkehrsknotenpunkt. Dicht beieinander liegen die beiden Hauptsehenswürdigkeiten, das mächtige King John's Castle mit seinen mächtigen Wehrtürmen (Abbildung) und die St. Mary's Cathedral mit ihrem wundervoll geschnitzten Chorgestühl.

Burren *(unten)*

Von Limerick Richtung Nordwesten über Ennis führt die Route durch eine Landschaft, die in ganz Europa ihresgleichen sucht: Der Burren – zu Deutsch „steiniger Platz" – besteht aus porösem, grauen Gestein in Form von Plateaus und Kuppen. Bäche durchziehen sie und versickern in Löchern, und nur da, wo sich ein wenig Erde in Spalten gesammelt hat, wächst spärliches Grün – eine herbe, karge Landschaft, die den Besucher auf sich selbst zurückwirft.

Connemara National Park *(oben)*

Weiter die Küste entlang gen Norden an der Austernstadt Galway vorbei erreicht die Strecke Connemara, eine der beliebtesten Landschaften Irlands. Hier sind felsige Gebirge, sanfte Hügel, grüne Täler, geheimnisvolle Seen und eine abwechslungsreiche Küstenlandschaft auf kleinstem Raum miteinander verbunden. Der Hauptzugang zum National Park mit Besucherzentrum befindet sich in Letterfrack.

Donegal *(unten)*

Die Traumstraße folgt der Küste Richtung Nordosten über Sligo nach Donegal. Der kleine Ort ist bekannt für die Herstellung von Tweed und Strickwaren, die teilweise noch von Hand produziert werden. Nicht weit entfernt vom Marktplatz, am Ufer des Eske, befindet sich Donegal Castle (Abbildung) aus dem Jahr 1474, das wegen seines prachtvollen Kamins auch eine Innenbesichtigung lohnt.

Giant's Causeway
(rechte Seite oben)

Richtung Norden über die Grenze nach Nordirland erreicht die Strecke mit dem „Fußweg des Riesen" (Abbildung) ihr letztes Natur-Highlight: 40 000 Basaltsäulen von unterschiedlicher Höhe und Dicke bilden hier dicht gedrängt eine Formation, die tatsächlich wie der Weg eines Riesen aussieht: Giant's Causeway ist allerdings das Ergebnis von Vulkanismus und Erosion vor vielen Millionen Jahren.

Belfast *(rechte Seite unten)*

Letztes Ziel der Traumstraße rund um die grüne Insel ist Belfast, die Hauptstadt von Nordirland. Galt sie früher aufgrund des Nordirlandkonflikts als gefährliches Pflaster, entwickelt sie sich in den letzten Jahren immer mehr zum Touristenmagnet. Mit Recht, denn die Stadt hat viel zu bieten: neben Sehenswürdigkeiten wie der City Hall (Abbildung) sind es die großen Einkaufsstraßen, das lauschige Universitätsviertel und die zahlreichen Feste.

Südenglands Küste entlang

DOVER → BRIGHTON → CHICHESTER → WINCHESTER → STONEHENGE → EXETER → DARTMOOR NATIONAL PARK → LAND'S END

Die 600 km lange Traumstraße präsentiert sich als abwechslungsreiche Mischung aus wilder Naturlandschaft, lieblichen Gärten, mondänen Seebädern und großartigen Kulturdenkmälern.

Dover *(linke Seite)*

Strahlend weiß begrüßen die Kreidefelsen von Dover (Abbildung) den Englandreisenden, wenn er mit der Fähre vom Kontinent anreist, um die traumhafte Südküste von Europas größter Insel zu erkunden. Auf den Felsen thronen die älteste Burg Englands sowie ein Leuchtturm. In den Felsen gibt es ein Tunnelsystem, das im Zweiten Weltkrieg als Stützpunkt des Kommandostabs diente.

Brighton *(oben)*

Über Hastings und Eastbourne geht es Richtung Westen nach Brighton. Als „Badewanne Londons" ist es das älteste, größte und war früher auch das mondänste Seebad Großbritanniens. Elegante Gebäude im Regency-Stil, die Piers und der exotisch anmutende Royal Pavilion (Abbildung) erinnern an die Brightoner Glanzzeiten, als auch die königliche Familie sich hier erholte.

Chichester *(unten links)*

Weiter westlich lohnt sich ein Zwischenstopp in Chichester. In der romantischen Altstadt gibt es noch Spuren aus der Antike, denn die Stadt ist von den Römern gegründet worden: Sie lag und liegt günstig in Richtung Kontinent und bis heute ist ihr Kirchturm der einzige Englands, der bereits vom Meer aus zu sehen ist. Er gehört zur Dreifaltigkeitskathedrale.

Winchester *(unten rechts)*

Über Portsmouth und Southhampton führt die Strecke nach Winchester. Das hübsche Städtchen kann nicht nur mit der ältesten Privatschule und mit der ältesten sozialen Einrichtung Englands aufwarten, dem Hospital of St. Cross, sondern auch mit einer der längsten Kathedralen der Welt (Abbildung). Das 168 m lange Gotteshaus entstand zwischen dem 11. und 15. Jahrhundert, so dass vom Normannischen bis zum Spätgotischen alle Baustile zu sehen sind.

Stonehenge *(unten)*

Etwa auf der Mitte dieser Traumstraße liegt eine ganz besondere Sehenswürdigkeit: Auf der kargen Hochebene von Salisbury sind sie schon von weitem zu sehen – die Steinkreise von Stonehenge (Abbildung). 4,5 m und 7 m hoch sind die Monolithen und tragen die „hängenden Steine", wie Stonehenge auf Deutsch heißt. Man vermutet, dass es sich um eine frühgeschichtliche Kultstätte oder Sternwarte aus der Zeit um 3000 v. Chr. handelt, doch gelöst ist das Geheimnis bisher nicht.

Exeter *(oben)*

Südwestlich von Stonehenge am Exe liegt der Bischofssitz Exeter. Wahrzeichen der Stadt ist die St. Peter's Cathedral (Abbildung), die bereits im 12. Jahrhundert errichtet und danach mehrfach umgebaut wurde. Dadurch vereint sie den normannischen Stil mit Early English, Decorated und Perpendicular in einem Bau. Nur dank der Kathedrale wurde das umliegende Viertel im Zweiten Weltkrieg nicht zerstört.

Dartmoor National Park *(oben)*

Weiter in Richtung Westen liegt das Dartmoor, eine von vielen Flüssen durchzogene Moor- und Heidelandschaft. Ab und an ragen pittoresk sogenannte Tors in die Luft, 290 Millionen Jahre alte Granitspitzen aus erodierter Magma. Am besten lassen sich die Weite und Einsamkeit des National Parks auf dem Rücken eines Dartmoor Ponys entdecken. Die robusten Tiere wurden früher in den Silberminen eingesetzt und können auch Erwachsene gut tragen.

Land's End *(unten)*

Die Traumstraße entlang der englischen Südküste führt durch Penzance, ein lebendiges Städtchen, das einen Stopp lohnt, und endet an Englands westlichstem Zipfel. Und so nennen die Engländer diese vom Meer umbrandeten und vom Wind umtosten steilen und gut 60 m hohen Granitfelsen (Abbildung) treffend Land's End: Ab hier gibt es nur noch die blaue Weite des Atlantiks.

Die deutsche Hansestraße

BREMEN → HAMBURG → LÜBECK → BOLTENHAGEN → WISMAR → ROSTOCK → FISCHLAND-DARSS-ZINGST → STRALSUND

Im 12. Jahrhundert gründeten die ostdeutschen Kaufleute die Hanse zum gegenseitigen Schutz auf den Handelswegen im In- und Ausland. Daraus erwuchs ein mächtiger Verbund, der das Bild der Hansestädte nachhaltig prägte.

Bremen *(oben)*

Auch wenn unsere Reise auf der Hansestraße in Bremen beginnt, gehörte die Stadt keineswegs zu den ersten, die der Hanse beitraten. Tatsächlich geschah dies erst Mitte des 14. Jahrhunderts, als die Hanse schon über 100 Jahre existierte. Den Mittelpunkt der Stadt bildete der Marktplatz mit der Rolandssäule (Abbildung). Sie stand damals für die Hochgerichtsbarkeit und das Stadtrecht sowie für Markt- und Zollfreiheit.

Hamburg *(unten)*

Das „Tor zur Welt" ist die freie Hansestadt Hamburg nicht erst in unserer Zeit geworden, sondern war es bereits zu Zeiten des Hansebunds. Schon damals war sie führend in punkto Umschlag und Lagerung von Waren. Die heutige Speicherstadt (Abbildung) wurde Ende des 19. Jahrhunderts im Stil des Historismus errichtet. Sie bietet 400 000 m² Fläche zur Lagerung von Waren.

Lübeck *(rechte Seite oben)*

Als „Königin der Hanse" führte Lübeck im Mittelalter den Städtebund an der Ostsee an. Hier kann der Besucher den Stolz der hanseatischen Kaufleute besonders gut nachfühlen, denn ihre Prachtbauten – wie das berühmte Holstentor (Abbildung) – sind alle nach dem Zweiten Weltkrieg wunderbar restauriert worden. Den Marktplatz beherrscht das gotische Rathaus aus Backstein, das als weltliches Pendant zum Dom und damit zur Macht der Kirche gedacht war.

Boltenhagen *(unten)*

Das Ostseebad Boltenhagen an der Wismarer Bucht (Abbildung) lädt mit seiner 280 m langen Seebrücke nicht nur zum Flanieren über dem Meer ein. Der schöne Strand ist sommers wie winters ideal für Erholungssuchende, sei es für ein Bad im Meer und in der Sonne oder für einen ausgiebigen Spaziergang. Und bei starkem Wind gebärdet sich selbst die zahme Ostsee wie ein richtiges Meer.

Wismar *(oben)*

Eine besonders eindrucksvolle Station an der Hansestraße auf deutschem Gebiet ist die Altstadt von Wismar: Sie ist fast vollständig erhalten und zeigt, wie eine bedeutende Hansestadt in ihrer Blüte aussah. Geprägt vom Backstein gibt es neben dem imposanten Marktplatz sechs Kirchen, die die mittelalterliche Sakralarchitektur an der Küste zeigen. Und auch das Hafenbecken blieb in Form und Lage erhalten.

Rostock *(unten)*

Im Herzen von Rostock ragt die gotische St.-Marien-Kirche (Abbildung) auf. Sie ist eines der herausragenden Beispiele der sogenannten Backsteingotik: Die Kaufleute der Hanse waren durch ihren Erfolg so selbstbewusst geworden, dass sie die französische Gotik nicht einfach nachahmten, sondern mit rotem Backstein, dem traditionellen Baumaterial Norddeutschlands, umsetzen ließen.

Fischland-Darß-Zingst *(oben)*

Zwischen Rostock und Stralsund ist die ostdeutsche Küste besonders reizvoll, denn es handelt sich um eine Boddenküste. Damit werden Küstengebiete bezeichnet, die relativ flach und weitgehend vom Meer abgeschnitten sind. Hier ist es die Halbinsel Fischland-Darß-Zingst mit den Ostseebädern Wustrow, Ahrenshoop (Abbildung), Prerow und Zingst, die sich schützend zwischen Ostsee und Festland geschoben hat und so vor allem zahlreichen Vogelarten Lebensraum bietet.

Stralsund *(unten)*

Die Basilika St. Nicolai in Stralsund überrascht viele Besucher beim Eintreten mit ihren bunten Bemalungen, die einen heiteren Kontrast zur weißen Grundfarbe bilden. Tatsächlich entspricht diese wundervolle Restaurierung dem gotischen Dekor des 14. und 15. Jahrhunderts. Die Stralsunder Kaufleute wollten die Lübecker und ihre Marienkirche übertreffen, indem sie ihr Gotteshaus besonders prachtvoll ausstatteten.

Entlang der deutschen Alpenstraße

NEUSCHWANSTEIN → WIESKIRCHE → OBERAMMERGAU → ZUGSPITZE → ASCHAU → SYLVENSTEIN-STAUSEE → RAMSAU → BERCHTESGADEN → KÖNIGSSEE

Die Deutsche Alpenstraße ist eine der beliebtesten und landschaftlich imposantesten Traumstraßen Deutschlands. Natur und Kultur vereinen sich auf dieser Strecke in einzigartiger Weise.

Neuschwanstein *(links)*

Auch wenn es von manch deutschem Zeitgenossen als „Zuckerbäckerschloss" belächelt wird: Neuschwanstein bei Füssen (Abbildung) ist einer der absoluten Höhepunkte an der Alpenstraße – und nicht nur für die Japaner: Das Märchenschloss von Ludwig II. gehört zu den meistbesuchten Sehenswürdigkeiten in Deutschland und Europa und die Besucher nehmen lange Wartezeiten auf sich!

Wieskirche *(rechte Seite oben)*

Im Bergland von Steingaden, umgeben vom Grün der Wiesen und Weiden, liegt die Wieskirche. „Hier wohnt das Glück, hier kommt das Herz zur Ruhe", ist in einem Fenster des Prälatensaals zu lesen. Und tatsächlich: Die Brüder Dominikus und Johann Baptist Zimmermann schufen hier von 1745 bis 1753 eine der schönsten Rokoko-Kirchen überhaupt.

Oberammergau *(rechte Seite unten)*

Oberammergau, am Übergang zwischen Alpenvorland und Gebirge, ist vor allem bekannt für die Passionsspiele, die hier alle zehn Jahre stattfinden, und für seine religiöse Schnitzkunst. Der Ort bezaubert durch seine anheimelnde Atmosphäre, die er nicht zuletzt der Lüftlmalerei verdankt, jenen Fresken, mit denen betuchte Bürger im 18. Jahrhundert ihre Häuser reich schmücken ließen (Abbildung).

Zugspitze *(linke Seite)*

Genau an der Grenze zu Österreich liegt die Zugspitze, Deutschlands höchster Berg. Bis zum Dreitausender hat sie es leider nicht geschafft, aber auch ihre 2962 m machen sie zum beliebten Ausflugsziel. Mit Seilbahnen aus Deutschland und Österreich, Funk- und Wetterstation sowie einem Hotel wurde dieser imposante Berg, aus der Nähe betrachtet, ein Opfer der Zivilisation.

Sylvenstein-Stausee *(oben)*

Immer wieder bietet die Deutsche Alpenstraße nicht nur faszinierende Blicke auf grüne Hügel oder schroffe Berge, sondern auch auf Wasser. Zahlreiche Flüsse, die in den Alpen entspringen, durchfließen die Region und bilden in Tälern Seen oder werden aufgestaut wie der Sylvenstein-Stausee (Abbildung), an dem die Alpenstraße auf der Strecke zwischen Lenggries und Rottach-Egern ein Stück entlang führt.

Aschau *(unten)*

Aschau ziert mit seinen beiden Zwiebelhauben der barocken Kirche vor dem Hintergrund der Kampenwand viele Reiseführer über das Chiemgau. Südlich vom Ort prangt weiß und mächtig als Pendant Schloss Hohenaschau (Abbildung). Die Burg entstand im 12. Jahrhundert und wurde in den nächsten 500 Jahren immer wieder erweitert, so dass sie heute zu den größten Bayerns zählt.

Ramsau *(unten)*

Ein Abstecher nach Ramsau lohnt sich schon wegen dieses wundervollen Motivs: Eingebettet in die grandiose Landschaft aus leicht abfallenden grünen Wiesen, leuchtet am Ufer der Ramsauer Ache und vor der Kulisse der mächtigen Reiter-Alpe die weiße Ramsauer Kirche mit ihrem Zwiebelturm (Abbildung). Ursprünglich war es eine kleine Kapelle von 1512, die 1815 ausgebaut wurde.

Berchtesgaden unterm Watzmann *(rechte Seite oben)*

Bewacht vom Watzmann präsentiert sich den Besuchern Berchtesgaden (Abbildung). Neben der Stiftskirche mit dem barocken Hochaltar verzaubert vor allem die Atmosphäre des Ortes: gemütlich und anheimelnd ist es hier – so wie der Fremde sich Oberbayern vorstellt. Ein Ausflug ins Salzbergwerk ist nicht nur interessant, sondern auch lustig, denn die Fahrt mit der Grubenbahn macht einfach Spaß.

Kloster St. Bartholomä am Königssee *(rechte Seite unten)*

Zum krönenden Abschluss bietet die Deutsche Alpenstraße noch ein Highlight der Extraklasse: den Königssee mit dem Kloster St. Bartholomä (Abbildung). Der See ist nur zu Fuß zu erreichen, die steilen Felsufer vereiteln das Bauen und mit dem Boot geht es zum Kloster. Trotz des großen Touristenrummels ein unvergessliches Erlebnis: die unvergleichliche Einheit von Kunst und Natur.

Via Turonensis – La Grande Route

PARIS ST. DENIS → VERSAILLES → CHARTRES → ORLEANS → BLOIS → TOURS → POITIERS → BORDEAUX → ST.-JEAN-PIED-DE-PORT

Kultur- und architekturhistorische Highlights reihen sich auf der Via Turonensis aneinander wie die Perlen einer Kette. Dieser „Zubringer" zum Jakobsweg in Spanien wird von den Wanderern und Pilgern auch La Grande Route genannt.

Paris St. Denis *(oben)*

Das Grab des heiligen Dionysius in Paris St. Denis war der Start der Pilger durch Frankreich auf der Via Turonensis, auch La Grande Route genannt. Es war reich frequentiert und so baute Abt Suger um 1130 mit der neuen Abteikirche (Abbildung) eines der berühmtesten Gotteshäuser in Europa Außerdem ist Paris St. Denis Grabstätte der französischen Könige und Aufbewahrungsort der Kroninsignien.

Versailles *(unten)*

Wenige Kilometer weiter südlich verlockt die Hauptstadt Paris mit ihren zahllosen Sehenswürdigkeiten, darunter Notre-Dame und Sacré Cœur, und dem unnachahmlichen Flair zu einem Stopp. Weiter südwestlich prunkt Versailles (Abbildung), das größte Schloss Europas, mit allem, was die Macht von Ludwig XIV. demonstrieren konnte: von Gold über Stuck, Spiegel und große Räume zu perfekt gepflegten Gärten.

Chartres *(oben links)*

In Richtung Südwesten befindet sich mit der Kathedrale von Chartres (Abbildung) das spirituelle Pendant zum weltlichen Versailles: ein Höhepunkt der Kirchenarchitektur Europas. Kunstkenner wissen den Vorbildcharakter dieser ersten rein gotischen Kirche zu schätzen, Mystiker versuchen, das Labyrinth zu enträtseln – und jeder Mensch ist von den blau glühenden Fenstern fasziniert.

Orléans *(unten)*

Südlich von Chartres liegt in einem Bogen der Loire der Bischofssitz Orléans (Abbildung). Im Zweiten Weltkrieg wurde die Stadt schwer beschädigt, danach aber zum Teil wieder aufgebaut. Neben der Kathedrale Sainte-Croix sind die Hauptsehenswürdigkeiten der Stadt Wohnhaus und Denkmal ihrer berühmtesten Bürgerin Jeanne d'Arc. Die „Jungfrau von Orléans" hatte die Stadt 1429 von der englischen Besatzung befreit.

Blois *(oben rechts)*

Die Grande Route folgt der Loire und ihren Schleifen Richtung Südwesten. In dieser reizvollen Landschaft, dem „Garten Frankreichs", haben die Adligen früherer Jahrhunderte prachtvolle Schlösser und Burgen dicht beieinander gebaut. Nahe bei Schloss Blois (Abbildung), das mit seiner Loggienfassade und dem achteckigem Treppenturm über dem gleichnamigen Ort thront, befinden sich Chambord, Amboise und Chenonçeaux.

Tours *(oben)*

Tour ist nicht nur die Stadt des heiligen Martin, sondern auch jene, die von den keltischen Turonen gegründet wurde und der diese Traumstraße ihren Namen „Via Turonensis" verdankt. Denn bereits im 4. Jahrhundert war Tours ein Wallfahrtsort und durch die Pilger erlebte sie bereits früh einen wirtschaftlichen Aufschwung. In der romantischen Altstadt gibt es immer noch zahlreiche mittelalterliche Häuser.

Poitiers *(unten)*

Richtung Süden über Châtellerault gelangt man nach Poitiers, wo Karl Martell 732 das Vorrücken der Araber nach Norden verhindern konnte. Entsprechend viele frühromanische Sakralbauten gibt es hier bis heute, darunter Saint-Hilaire-le-Grand, Notre-Dame-la-Grande (Abbildung), Sainte-Radegonde und das Baptisterium St. Jean. Es stammt aus dem 4. Jahrhundert und gilt als ältester Sakralbau Frankreichs.

Bordeaux *(unten)*

Weiter gen Süden führt die Grande Route durch das Bordelais. Hier wird der weltberühmte französische Bordeaux-Wein je zur Hälfte in roten und weißen Trauben angebaut. Seinen Namen hat er von der gleichnamigen Stadt, die wegen ihres regen kulturellen Lebens, ihrer Betriebsamkeit und ihrer Schönheit bei Touristen sehr beliebt ist und einen längeren Aufenthalt lohnt.

St.-Jean-Pied-de-Port *(oben)*

Parallel zur Côte d'Argent verlaufend, erreicht die Via Turonensis bei Ostabat die Stele von Gibraltar, wo sich die „Zubringer" zum spanischen Jakobsweg aus Paris, Vézelay und Le Puy-en-Velay vereinen. Sie erreichen ihr klassisches Ende im wunderhübschen Pyrenäenörtchen St.-Jean-Pied-de-Port, das für viele Jakobus-Pilger auch der klassische Anfang in Richtung Santiago de Compostela ist.

Auf dem Jakobsweg

RONCESVALLES → PAMPLONA → ESTELLA → NAJERA → BURGOS → LEON → PONFERRADA → SANTIAGO DE COMPOSTELA

Seit dem 11. Jahrhundert existiert der Jakobsweg. Dieser älteste und bekannteste Pilgerweg ist heutzutage wieder so populär, dass er auch mit dem Auto befahren wird und so zur Traumstraße wurde.

Roncesvalles *(links)*

In Roncesvalles beginnt der „klassische" Jakobsweg, der auch der „Französische Weg", „Camino Francés", genannt wird, weil er vor allem von Pilgern aus dem Ausland benutzt wird, die über St.-Jean-Pied-de-Fort über die Via Turonensis kommen (vgl. S. 40). Die große Abtei des Ortes nahm früher auch Pilger auf, heute können sie nur Teile des Komplexes besichtigen und natürlich in der Kirche beten.

Pamplona *(rechte Seite oben)*

In Richtung Westen führt der Jakobsweg zur Kathedrale von Pamplona. Nicht weit davon entfernt befindet sich die Stierkampfarena, die das Ziel eines weltberühmten Spektakels ist: Alljährlich laufen vom 6. bis 14. Juli anlässlich der Festlichkeiten zu Ehren des Stadtpatrons wilde Stiere durch die Calle Estafeta – und vor, neben und hinter ihnen Tausende Menschen, die ihren Mut beweisen möchten.

Estella *(rechte Seite unten links)*

Geschützt inmitten von Bergen und gespeist vom Río Ega war Estella mit ihrem milden Klima eine bedeutende Stadt auf dem Jakobsweg. Wegen ihrer zahlreichen romanischen Bauwerke nannten die Pilger sie Estella „la Bella", „die Schöne". Am bekanntesten ist San Pedro de la Rua (Abbildung), aber auch San Miguel und der Königspalast sind sehenswert.

Nájera *(unten rechts)*

Weiter geht es auf dem Jakobsweg nach Nájera – ein Muss auf dieser Traumstraße. Der Name kommt aus dem Arabischen und bedeutet „Ort zwischen den Felsen". Hier befand sich im 10. und 11. Jahrhundert der Hof der Könige von Navarra. Der Blütezeit, die das kleine Städtchen in der autonomen Region Rioja unter König Sancho el Mayor (bis 1035) erlebte, entstammt ein sehr sehenswertes Kloster: Das Kloster Santa Maria la Real (Abbildung). Deren prächtiges, ornamentiertes Chorgestühl aus dem ausgehenden 15. Jahrhundert ist eine Betrachtung unbedingt wert.

Burgos *(unten)*

Über Navarrete, Nájera, Santo Domingo de la Calzada und Atapuerca mit seinen sehenswerten Höhlen erreicht man Burgos. Die Heimat des spanischen Nationalhelden El Cid war im Mittelalter ein christliches Bollwerk gegen die Mauren, wovon noch heute die mächtigen Mauern der Puerto de Santa Maria (Abbildung) zeugen, eines der Stadttore des die Stadt im Mittelalter umschließenden Mauergürtels.

Léon *(oben)*

Wer Léon erreicht, hat etwas mehr als die Hälfte des Jakobswegs hinter sich gebracht und wird dafür mit der Kathedrale belohnt. Nicht ohne Grund gilt sie als schönste Spaniens: Mit reichem Skulpturenschmuck laden drei Portale zum Betreten ein. Im Inneren bezaubern die wunderbaren Glasfenster, über die buntes Licht hereinströmt und Gottes Gegenwart sichtbar zu machen scheint.

Ponferrada *(oben)*

Über Astorga gelangt man nach Ponferrada und wird hier durch die Templerburg (Abbildung) mit einem Aspekt des Pilgerwegs konfrontiert, der mit christlicher Frömmigkeit wenig gemein hat: Im Mittelalter waren Pilger auf dem Jakobsweg attraktive Ziele für Diebe und Plünderer, führten doch die Reichen unter ihnen wertvolle Opfergaben mit sich. Die Templer schützten hier den Weg und die Brücke über den Sil mit ihrer Burg.

Santiago de Compostela *(unten)*

Endlich, nach fast 800 km ist das Ziel des Jakobswegs erreicht: Santiago de Compostela, nach Rom und Jerusalem der bedeutendste Wallfahrtsort der Christenheit. Über dem Grab des Apostels Jacobus erhebt sich majestätisch die Kathedrale mit ihrer barocken Doppelturmfassade und am romanischen Hauptportal begrüßt Jakobus persönlich die Pilger und lässt sie die Mühen der Wanderung vergessen.

Durch die Weiten Kastiliens

MADRID → LA GRANJA → SEGOVIA → COCA → VALLADOLID → TORDESILLAS → ZAMORA → SALAMANCA → EL ESCORIAL

Das Hochland von Zentralspanien bietet seinen Besuchern zwar keine Strände und Küsten, dafür aber eine Fülle von Kulturhighlights in einer wunderbaren Landschaft.

Madrid *(linke Seite)*

Startpunkt der Reise durch Kastilien ist die spanische Hauptstadt Madrid. Hier gibt es so viel zu bestaunen, dass man mehrere Tage einplanen sollte. Die historische Altstadt mit der Plaza Puerta del Sol und der Plaza Mayor, der Kathedrale Almudena und dem Kloster Descalzas Reales ist ebenso ein Muss wie der Prado und das Museo Thyssen-Bornemisza. Da ist der Parque del Retiro (Abbildung) eine willkommene Gelegenheit, um zu relaxen.

La Granja *(oben)*

Von Madrid aus geht es Richtung Norden. Auf den Höhen der Sierra de Guadarrama befindet sich eine Perle des Barocks: La Granja, zu deutsch das „Landgut". Tatsächlich handelt es sich um eines der schönsten Schlösser Spaniens, das „spanische Versailles". Wie sein Vorbild ließ Philipp V. es innen und außen reich dekorieren und von barocken Gärten umgeben – ein fast undenkbarer Kontrast zur rauen Gebirgslandschaft.

Segovia *(Mitte)*

Durch die Gebirgslandschaft geht es weiter westlich zum Bischofssitz Segovia. Wahrzeichen ist der 17 km lange Aquädukt, der auf fast 300 m zweistöckig verläuft und an die Zeit um 80 v. Chr. erinnert, als Segovia Militärstützpunkt der Römer war. Genauso sehenswert sind die spätgotische Kathedrale und der Alcazar (Abbildung). Dieser Festungsbau wurde im 13. Jahrhundert Wohnsitz der spanischen Könige.

Coca *(unten)*

Aus der Sierra de Guadarrama geht es nun hinab in die Ebene nach Coca. Ganz in der Nähe befindet sich das Castillo de Fonseca (Abbildung). Diese kastilische Wehrburg scheint mit ihren Zinnen und Türmchen einem Märchen aus Tausendundeiner Nacht entsprungen zu sein. Ganz so abwegig ist der Gedanke nicht, denn die maurischen Stilelemente stammen ursprünglich ebenso aus Arabien wie die Märchen.

Valladolid *(oben)*

Die Route führt weiter Richtung Norden an den Duero nach Valladolid. Diese Großstadt mit über 300 000 Einwohnern besticht durch ihre Mischung aus moderner Geschäftigkeit und historischen Wurzeln. Denn Valladolid war im 15. und 16. Jahrhundert Königsresidenz und gilt als Zentrum der spanischen Renaissance. Herausragendes Beispiel dafür ist die überreich und detailfreudig dekorierte Fassade des Colegio de San Gregorio (Abbildung), das heute als Museum dient.

Tordesillas *(unten)*

Entlang des Duero – hier ist der bekannte Rotwein zu Hause – in Richtung Westen geht es nach Tordesillas. Der Fluss galt im mittelalterlichen Spanien als Grenze zwischen Christen und Mauren und das Kloster Santa Clara legt davon eindrucksvoll Zeugnis ab: Es ist im Mudéjar-Stil bester Qualität dekoriert, jenem spanischen Kunststil, bei dem islamische Künstler ihr Formengut für die Ziele des Christentums einsetzten.

Zamora *(oben links)*

Folgt man dem Duero weiter, liegt auf einem Hügel erst Toro, dann Zamora mit seiner romantisch-verwinkelten Altstadt. Sie wird überragt von der Kuppel der romanischen Kathedrale. Die Dachziegel dieser vielteiligen Kuppel, des Cimborrio wirken je nach Lichteinfall wie die Schuppen eines Fisches. Im Innern ruft das zweistöckige Chorgestühl wegen seiner Kunstfertigkeit Bewunderung hervor.

Salamanca *(oben rechts)*

Richtung Süden am Tormes liegt die alte Universitätsstadt Salamanca mit ihrer bezaubernden Altstadt und vielen großartigen Gebäuden wie der alten und der neuen Kathedrale, der Dominikanerkirche San Esteban oder dem Casa de las Conchas, dessen Fassade mit Pilgermuscheln geschmückt ist. Die Plaza Mayor (Abbildung) mit ihren schönen Arkadenhäusern des Spätbarocks ist der geeignete Ort zum Verweilen.

El Escorial *(unten)*

60 km vor Madrid findet diese kastilische Traumstraße ihren Höhepunkt im El Escorial (Abbildung). Er ist schon von weitem vor der Sierra de Guadarrama zu sehen – kein Wunder: mit seinen 207 × 162 m Grundfläche gilt er als größtes Renaissancebauwerk der Welt! Seine einzigartige Verbindung von Kloster, Kirche und Residenz zeigt, wie eng Kirche und Krone im Spanien des 16. Jahrhunderts verquickt waren.

An Europas westlichem Rand

FARO → LAGOS → SAGRES → PARCO NACIONAL DO SUDOESTE ALENTEJANO E COSTA VICENTINA → SINTRA → BATALHA → COIMBRA → PORTO

Für die Römer war Portugal noch der Rand der Welt, heute ist es „nur" noch der westliche Rand Europas. Doch von Faro bis Porto bietet die portugiesische Küste mit wunderbaren Stränden und reichen Kulturlandschaften alles, was das Herz des Reisenden begehrt.

Faro *(oben)*

Die meisten Portugalreisenden kennen nur den Flughafen von Faro und tun damit dem Ausgangspunkt dieser Traumstraße damit sehr unrecht. Denn schon in Faro kann man sowohl die hübsche Altstadt mit ihren lebhaften Plätzen erleben als auch Sehenswürdigkeiten wie die Kathedrale besichtigen, die Natur bewundern, verkörpert durch die vielen brütenden Störche, oder die Einsamkeit an den weitläufigen Stränden genießen.

Lagos *(rechte Seite unten links)*

Von Faro geht es entlang der Algarveküste westlich über Albufeira und Portimão nach Lagos. Aus dem Fischerort ist mit dem Tourismus das Zentrum der Algarve geworden: Hier gibt es alles, was das Touristenherz begehrt. Trotzdem konnte der Ort sich sein eigenes Flair bewahren und bezaubert mit seinen verwinkelten Gassen in der weißen Altstadt ebenso wie mit der Barockkirche Santo-António (Abbildung).

Sagres *(unten rechts)*

Weiter Richtung Westen geht es über Sagres zum Cabo de São Vincente, zum südwestlichsten Zipfel Europas (Abbildung). Auf der 62 m hohen Felszunge haben – so sagt die Legende – die Götter genächtigt. Deshalb kamen in früheren Zeiten die Seeleute her, um göttliche Unterstützung für ihre Reise zu erbitten. In Sagres selbst soll sich die berühmte Seefahrerschule Heinrich des Seefahrers befunden haben.

Parco Nacional do Sudoeste Alentejano e Costa Vicentina *(oben)*

Von Sagres geht es nun nach Norden entlang der Atlantikküste. Im Unterschied zur Algarve gibt es hier keine Touristenorte, sondern wenige kleine Dörfer, in denen vor allem Privatzimmer vermietet werden. Diese unzugängliche Küste ist etwas für wahre Naturliebhaber, die den herben Reiz von wilden Steilküsten lieben und gerne Abstecher in das flache, einsame Hinterland des Alentejo machen.

Sintra *(oben)*

Vorbei an Setúbal und Lissabon führt die Route in die Berge von Sintra oberhalb der Küste. Schon von Weitem sind zwei spitze Türme zu sehen (Abbildung), die von Unwissenden zunächst einer Kirche zugeschrieben werden. Umso größer ist die Überraschung zu erfahren, dass es sich um die Schornsteine der Küche des Königspalasts handelt. Denn in Sintra hatten die portugiesischen Könige seit dem 15. Jahrhundert ihre Sommerresidenz.

Batalha *(unten)*

Weiter nördlich im kleinen Ort Batalha befindet sich mit dem Mosteiro de Santa Maria da Vitoria (Abbildung) einer der Höhepunkte der portugiesischen Architektur. Durch die zweihundertjährige Bauzeit werden gotische und manuelische Elemente vollendet miteinander vereint. Besonders der Kreuzgang mit seiner reichen, filigranen Ornamentik und dem Spiel von Licht und Schatten ruft Entzücken hervor.

Coimbra *(oben)*

Nicht direkt an der Küste, dafür aber unbedingt sehenswert ist Coimbra am Ufer des Mondego. Die berühmte Universität und ihre Studenten prägen nachhaltig die Atmosphäre der Stadt: Auf den Plätzen und in den Cafés tobt das Leben bis spät in die Nacht. Kunst und Kultur sind allgegenwärtig, nicht nur in der barocken Universitätsbibliothek, der alten Kathedrale oder der Klosterkirche Santa Cruz.

Porto *(unten)*

Letzte Station auf dieser Traumstraße an Europas westlichem Rand ist Porto, die Stadt, bei der jeder sofort an den berühmten Portwein denkt – statt daran, dass sie Portugal seinen Namen gab. Die bedeutende Hafen- und Handelsstadt am Douro lockt in der Altstadt mit der Kathedrale Sé, dem barocken Bischofspalast oder den Kirchen São Pedro dos Clérigos, deren frei stehender Glockenturm das Wahrzeichen der Stadt ist, und Santo Ildefonso (Abbildung).

Entlang der Adria

VENEDIG → FERRARA → RAVENNA → URBINO → ANCONA → PARCO NAZIONALE DEI MONTI SIBILLINI → TERMOLI → CASTEL DEL MONTE

Diese Traumstraße führt an der Rückseite des italienischen „Stiefels" entlang durch die Regionen Venetien, Emilia-Romagna, Marken, Abruzzen und Molise bis hinunter nach Apulien und bietet eine wunderbare Vielfalt von landschaftlichen und kulturellen Impressionen – und nicht zu vergessen: Badespaß.

Venedig *(linke Seite)*

Ausgangspunkt der Reise entlang der Adria ist die Traumstadt Venedig, die mit ihrem morbiden Charme und ihren unzähligen Kulturdenkmälern selbst hartgesottenen Zeitgenossen ein Aufseufzen entlockt. Die Lagunenstadt war und ist eine der wichtigsten Städte Europas, wenn es um Kunst und Kultur geht. Sie präsentiert so viel Altehrwürdiges, Hochklassiges und wegweisend Neues, dass Besucher die Qual der Wahl haben.

Ferrara *(oben)*

Ein Stück von der Küste entfernt Richtung Südwesten liegt Ferrara. Geografisch befindet sich die Stadt bereits in der Emilia-Romagna und bietet ihren Besuchern nicht nur eine verwinkelte mittelalterliche Altstadt, die Città vecchia, sondern auch eine prachtvolle Renaissancestadt, die Città rinascimentale. Der Prunksucht des Herrschergeschlechts Este ist es zu verdanken, dass hier ein Palazzo den anderen zu übertreffen sucht – sehr zur Freude der Besucher.

Ravenna *(unten)*

Wieder zurück an der Adriaküste erreicht man Ravenna. Dort hat sich die Basilica di San Vitale einen festen Platz in der Architekturgeschichte erobert. Denn mit den wunderbaren Mosaiken gilt der Zentralbau in künstlerischer und architektonischer Hinsicht als einer der schönsten byzantinischen Bauten und hatte Vorbildfunktion für die mittelalterliche Architektur. Von außen ein schlichtes Ziegelbauwerk überrascht die Basilika mit ihrer prachtvollen Ausstattung.

Urbino *(oben)*

Von Ravenna geht es über Cattolica und Rimini, die Touristenhochburgen der italienischen Adria, wieder etwas weg vom Küstenrummel ins bergige Hinterland nach Urbino in der Region Marken. Im 15. Jahrhundert plante der Herzog Federico di Montefeltro Urbino als Idealstadt der Renaissance und die Backsteinbauten blieben bis heute erhalten. Sich selbst gönnte er mit dem Palazzo Ducale eines der schönsten Renaissancegebäude Italiens.

Ancona *(unten)*

Die Route wendet sich wieder der Küste zu, und zwar der Hafenstadt Ancona. Der Hafen ist von jeher der Lebensnerv dieser Stadt, schon zur Zeit der Gründung durch die Griechen und später unter den Römern genauso wie heute. Deshalb wurde der Hafen gut bewacht, sowohl praktisch als auch spirituell: Die Zitadelle und der Dom befinden sich an gegenüberliegenden Orten nah des Hafens. Der Wohlstand der Bürger schlug sich in schönen Plätzen, stattlichen Wohnhäusern und Kirchen nieder.

Parco Nazionale dei Monti Sibillini *(oben links)*

Die Strecke führt nun nochmals von der Küste ins Hinterland und zwar in die Sibillinischen Berge. Dieses teilweise sehr karge Karstgebirge zeigt eine ganz andere Seite Italiens: rauer und ursprünglicher, geprägt von mittelalterlichen Mythen und christlichen Traditionen. 70 000 ha sind 1993 zum Nationalpark erklärt worden, um den Reichtum der Natur zu erhalten. Er reicht von Wölfen, Adlern und zahlreichen Pflanzenarten, die nur hier wachsen.

Termoli *(oben rechts)*

Zurück zur Adria erfreut die Küste mit feinsandigen Badestränden und führt nach Termoli, das als „Tor“ der Region Molise gilt. Beschützt von einem Kastell und einer Stadtmauer mit mächtigen Wehrtürmen liegt die Altstadt malerisch auf einer Landzunge und bietet immer wieder neue Ausblicke auf die Bucht. Im Zentrum steht die normannisch-apulische Kathedrale San Basso.

Castel del Monte *(unten)*

Nachdem die Traumstraße den Sporn des Stiefels hinter sich gelassen hat, führt sie ein Stück ins Landesinnere zu ihrem furiosen Endpunkt: Schon von Weitem ist das Castel del Monte zu sehen, das für seine strenge, achteckige Architektur weltberühmt ist. Der Stauferkaiser Friedrich II. hat es vermutlich selbst entworfen und dabei das Achteck immer wieder variiert, jedoch keine Stallungen, Küche oder Vorratsräume eingeplant. Die „Krone Apuliens“ ist für Wissenschaftler bis heute ein eindrucksvolles Mysterium.

Via Appia

ROM → NEAPEL → POMPEJI → AMALFI-KÜSTE → SALERNO → PARCO NAZIONALE DEL CILENTO E VALLO DI DIANO → ALBEROBELLO → BRINDISI

Die Via Appia ist eine Militärstraße, die Appius Claudius Caecus bereits 312 v. Chr. anlegte. Was den Römern als Mittel zum Machterhalt diente, ist für uns eine einzigartige Traumstraße, die nicht nur den italienischen Stiefel mit seinen unterschiedlichen Landschaften und Küsten erschließt, sondern wie eine Freiluftgalerie fantastische Zeugnisse einer vergangenen Weltmacht präsentiert.

Rom *(links)*

In Rom begann die Via Appia an der Porta Sebastiano. Sie führte zunächst nur bis Cápua, wurde jedoch später bis Brindisi weitergeführt. Sie wurde von zahlreichen Grabmälern gesäumt, von denen viele immer noch besichtigt werden können. Ohnedies ist die italienische Hauptstadt bis heute stark von der Antike geprägt – von grandiosen Bauwerken wie dem Kolosseum (Abbildung) oder dem Pantheon über den Straßenverlauf bis hin zu einigen wunderschönen Plätzen.

Neapel *(rechte Seite oben links)*

Parallel zur Küste des Tyrrhenischen Meers führt die Via Appia über Frascati, Latina, Gaeta und Cápua nach Neapel. Mit ihren rund eine Millionen Einwohnern ist die Stadt ein kleines Universum für sich. Wer sich über den entsprechenden Verkehr, Lärm und Dreck ebenso hinwegsetzen kann wie über die Angst vor Verbrechen oder der Mafia, erlebt den fantastischen Blick über den Golf, die lebhafte Altstadt und die erstklassigen Kunstwerke als dauerhafte Bereicherung seines Lebens.

Pompeji *(oben rechts)*

Zwischen Neapel und Salerno liegt die weltberühmte antike Stadt Pompeji, die im Jahre 79 durch einen Ausbruch des benachbarten Vulkans Vesuv verschüttet wurde. Asche und Schlacke begruben die Stadt so schnell, dass die Bewohner bei ihren alltäglichen Verrichtungen überrascht wurden. Dieser Tatsache verdanken wir eine fantastisch erhaltene antike Stadt und tiefe Einblicke in das Alltagsleben der Menschen von damals sowie eine zuvor nie geahnte Fülle an antiker Malerei in Form unzähliger gut erhaltener Fresken (Abbildung).

Amalfi-Küste *(unten)*

Von Pompeji geht es nur bis zum Golf von Policastro immer an der Küste entlang, und zwar beginnend auf der Amalfitana. Das ist eine etwa 40 km lange Küstenstraße mit umwerfenden Ausblicken – und atemberaubenden Kurven und Brücken. Unterwegs gibt es bezaubernde kleine Orte wie Positano (Abbildung) und Amalfi, die ebenso einen Stopp wert sind wie die Badebuchten mit ihren feinen Sandstränden und dem azurblauen Wasser.

Salerno *(unten)*

Mit Salerno, der Hauptstadt der gleichnamigen Provinz, präsentiert die Amalfiküste nun eine betriebsame Großstadt, eingebettet in eine malerische Landschaft (Abbildung). Die bedeutendste Sehenswürdigkeit des Erzbischofssitzes ist der Dom aus dem 11. Jahrhundert. Leider ist aus dieser Zeit nicht viel erhalten – das Löwenportal und die Eingangstür –, weil er über die Jahrhunderte öfters umgestaltet wurde. Beispielsweise stammt die Fassade aus dem 19. Jahrhundert.

Parco Nazionale del Cilento e Vallo di Diano *(oben)*

Weiter Richtung Süden führt die Via Appia an den Ruinen von Paestum (Abbildung) und von Velia vorbei. Diese Region aus Küsten und Bergen heißt Cilento und steht zu einem großen Teil als Nationalpark unter Schutz. Bei Camerota am Golfo di Policastro knickt die Route nach Osten ab und führt durch das bis 2248 m hohe Kalkmassiv Monte Pollino und den Parco Nazionale del Pollino. Kurz vor Policoro blitzt plötzlich wieder das Meer auf und es geht weiter am Golf von Tarent nach Norden.

Alberobello *(oben)*

Die Via Appia erreicht nun Apulien, das vom Absatz des Stiefels bis zum Sporn reicht. Für eine der interessantesten Sehenswürdigkeiten zweigt diese Traumstraße ein wenig in die Höhen der Murge dei Trulli ab. Da es sie nur hier gibt, heißen die bienenkorbartigen, runden Steinhäuser der Region Trulli. Diese Bauernhäuser bestehen aus kreisförmig aufgeschichteten Steinplatten, die weiß verputzt wurden. In Alberobello gibt es sogar eine Trulli-Kirche und Trulli-Hotels.

Brindisi *(unten)*

Zum Abschluss dieser Traumstraße auf den Spuren der Römer überquert die Via Appia den Absatz des Stiefels und endet an einer Marmorsäule (Abbildung) in einer kleinen Gasse der Hafenstadt Brindisi an der Adria. Von Brundisium, wie es damals hieß, eroberten die Römer Griechenland, Kleinasien und den Nahen Osten. Heute nutzen Touristen die Fähren nach Albanien, Griechenland und in die Türkei und auch die Vereinten Nationen schätzen die günstige Lage der Stadt, um von der hiesigen Logistics Base ihre Blauhelm-Missionen zu unterstützen.

Zu den Schätzen der Antike: Athen und der Peloponnes

ATHEN → KORINTH → EPIDAUROS → NAUPLIA → SPARTA → MISTRAS → PILOS → OLYMPIA

Der Peloponnes mit seinen traumhaften Buchten und seinen bedeutenden antiken Stätten ist eine der vielfältigsten Regionen Griechenlands.

Athen *(oben)*

Wer den Peloponnes bereist, kommt meist mit dem Flugzeug in Athen an. Nichts liegt also näher, als die moderne Stadt ebenso zu besichtigen wie die Zeugnisse der Antike – allen voran die Akropolis. Sie thront auf einem Hügel mitten in der griechischen Hauptstadt und gilt als Symbol der griechischen Antike schlechthin. Den Tempelbezirk dominiert der dorische Parthenon als größter Tempel.

Korinth *(unten)*

Von Athen aus führt die Route Richtung Südwesten über den Isthmus von Korinth, jene Landenge, die das Festland mit dem Peloponnes verbindet, in die gleichnamige Stadt. Diese Verbindung zwischen Korinthischem und Saronischem Golf machte Alt-Korinth 700 v. Chr. zu einem blühenden Handelszentrum. Heute sind dort, 8 km von der Neustadt entfernt, jedoch vor allem römische Relikte zu sehen, weil die Römer die griechische Stadt 146 v. Chr. zerstörten und erst 44 v. Chr. römisch wieder aufbauten.

Epidauros *(oben)*

Die Küstenstraße führt Richtung Südosten nach Epidauros zur Kultstätte des Heilgottes Asklepios. Hierher kamen die Kranken, um Erlösung von ihren Gebrechen zu erflehen. Der Reisende von heute läuft meist schnurstracks zum Amphitheater (Abbildung), das zu den grandiosen Höhepunkten unter den antiken Sehenswürdigkeiten zählt. Erst danach erfahren auch die durchaus sehenswerten Reste der antiken Stadt eine angemessene Würdigung.

Nauplia *(unten)*

Nur eine Autostunde entfernt liegt Nauplia, eine wunderschöne Stadt, die sich gut als Standort für Ausflüge zu den Wehrburgen Mykene (Abbildung) oder Tiryns eignet. Als Ausflugsziel der Athener ist der Hafenort vergleichsweise mondän und bietet in den romantischen Gassen der Altstadt neben Tavernen und belebten Plätzen auch teure Boutiquen. Da die Stadt schon immer begehrt war, baute man drei Festungen zu ihrem Schutz.

Sparta *(unten)*

Durch die wunderbare Berglandschaft des Peloponnes geht es Richtung Süden nach Sparta. Wahrscheinlich war es ihre Fähigkeit, Entbehrungen aushalten – spartanisch leben – zu können, die die Spartaner zu den härtesten Gegnern Athens machten. Erst Theben konnte Sparta entmachten und in byzantinischer Zeit verfiel die Stadt so sehr, das heute außer Resten des Artemis-Tempels (Abbildung) und einigen Ruinen nicht viel aus der Antike übrig ist.

Mistras *(oben)*

Fast in direkter Nachbarschaft zu Sparta befindet sich Mistras, jene Stadt, die im Mittelalter Spartas Rolle als Zentrum der Region übernahm. Mistras war erst 1249 gegründet worden und blühte unter den Byzantinern auf. Vor allem die Verzierungen an den Kreuzkuppelkirchen spiegeln das wider. Die Ruinen von Mistras gehören in ihrer einzigartigen Geschlossenheit zum Weltkulturerbe.

Pilos *(oben)*

Weiter geht es zur Westküste des Peloponnes nach Pilos am südlichen Ufer der Bucht von Navarino, die mit ihren wunderschönen Stränden ideal zum Baden ist. Auf dem zentralen Platz des liebenswerten Ortes erinnern ein Denkmal und Kanonen an die Seeschlacht, die 1827 im Rahmen des griechischen Freiheitskampfes in dieser Bucht stattfand. An der Westküste entlang führt die Route gen Norden.

Olympia *(unten)*

Die letzte Station dieser Traumstraße ist das kleine Dorf Olympia. In der Antike war es zunächst ein Heiligtum des Zeus, später auch für andere Götter. Zu Ehren des Göttervaters wurden hier alle vier Jahre sportliche Wettbewerbe durchgeführt und in dieser Zeit mussten die Waffen in ganz Griechenland schweigen. Nicht den Wettkampf, sondern den Zeitraum von vier Jahren nannten die Griechen Olympiade. Noch heute ist gut zu erkennen, dass die heiligen Stätten im Altis durch eine Mauer von den profanen Sportstätten getrennt wurden.

Entlang der lykischen Küste

BODRUM → MARMARIS → FETHIYE → MYRA → PERGE → ASPENDOS → SIDE → ALANYA

Die Südwestküste der Türkei, auch lykische Küste genannt, ist nicht nur landschaftlich besonders reizvoll, weil die Berge oft bis an die Küste reichen, sondern hat auch kulturell viel zu bieten, da zahlreiche Völker hier ihre Spuren hinterlassen haben.

Bodrum *(unten)*

An der „blauen Bucht" von Gökava liegt Bodrum, der Ausgangspunkt dieser Traumreise. Das ehemalige Halikarnassos, im 7. Jahrhundert v. Chr. von griechischen Kolonisten gegründet, entwickelte sich aufgrund seines Hafens zu einem florierenden Ort der Antike. Erst in unserer Zeit gewann die Stadt wieder an Bedeutung und zwar als touristisches Zentrum der Region – und daran hat wieder der wunderschöne Hafen, seit dem Mittelalter bewacht von einem Kreuzritterkastell, bedeutenden Anteil.

Marmaris *(oben)*

Weiter südlich liegt die Bucht von Marmaris, die zum Meer hin durch eine Halbinsel vor zu starken Strömungen und Winden geschützt wird. Dadurch ist es auch spät abends immer noch mild – idealer geht es kaum für einen Urlaubsort. Und so ist es kein Wunder, dass Marmaris einen wahren Boom erlebte und inzwischen mit dem größten Yachthafen der Türkei werben kann.

Fethiye *(oben)*

Einer der meist fotografierten Strände der Türkei ist der Strand von Ölü-Deniz bei Fethiye (Abbildung). Die blaugrün schimmernde Lagune ist vom Meer fast abgeschlossen, wird von feinstem weißen Sand und der wiederum von Pinienwäldern umrahmt. Zur Hauptreisezeit wird es jedoch auch entsprechend voll. Da bietet Fethiye mit dem lykischen Königsgrab über der Stadt eine sehenswerte Alternative ganz anderer Art.

Myra *(unten)*

Bei einer Reise entlang der lykischen Küste darf auch die lykische Hauptstadt nicht fehlen: Myra war ab dem 5. Jahrhundert v. Chr. die Hauptstadt Lykiens. Aus dieser Zeit stammen auch die berühmten Felsengräber. Diese Nekropole besteht aus rund hundert Grabkammern, die in die Felswand gebaut und mit architektonischen Fassaden versehen wurden.

Perge *(oben)*

Nicht weit entfernt vom beliebten Touristenzentrum Antalya mit seiner schönen Altstadt befindet sich Perge (Abbildung). Die Ruinenstätte ist eine der größten teilweise noch gut erhaltenen antiken Städte an der südlichen Küste von Anatolien. Das Gebiet der Ausgrabungen ist sehr ausgedehnt und bietet den Archäologen vermutlich noch lange Jahre genügend Substanz zur Erforschung.

Aspendos *(unten)*

Auch das antike Aspendos ist ein sehr attraktiver Stopp auf dieser Küstenroute: Sein riesiges Amphitheater (Abbildung) wurde über die Jahrhunderte gut erhalten, weil auch die Seldschuken es nutzten, und zwar als Karawanserei. Heute ist es wieder seinem eigentlichen Zweck zugeführt, im Sommer finden hier Aufführungen für bis zu 20 000 Zuschauer statt und garantieren unvergessliche Erlebnisse.

Side *(oben)*

Weiter Richtung Osten erreicht man Side, eine Gründung der Griechen, die sich in den letzten Jahrzehnten vom kleinen Fischerort zum beliebten Touristenort entwickelt hat, ohne dabei ihren Charme einzubüßen. Dazu gehört auch, dass es vom Baden und Relaxen am Strand nur wenige hundert Meter zu den antiken Sehenswürdigkeiten wie den imposanten Resten der Säulenstraße sind. Und im antiken Theater finden wieder Vorstellungen statt – Altertum und Moderne gehen hier Hand in Hand.

Alanya *(unten)*

Den Abschluss dieser wunderschönen Route entlang der lykischen Küste bildet Alanya. Nicht umsonst hat sich die Stadt zu einem beliebten Ferienziel gemausert, denn sie liegt eingebettet in eine wunderbare Landschaft und besitzt schöne Strände sowie ein imposantes Stadtbild. Es wird geprägt durch die Burg, 300 m hoch auf einem Hügel am Meer gelegen. Am Fuße dieses Bergs gibt es mehrere Höhlen, die fast alle nur mit dem Boot zu erreichen sind.

ASIEN

Als größter Kontinent bedeckt Asien inklusive aller seiner Inseln 33 Prozent der Landfläche unseres Planeten. Entsprechend groß sind die Entfernungen und vergleichsweise lang die Strecken der einzelnen Traumstraßen. Noch frappierender sind die klimatischen und landschaftlichen Unterschiede auf dieser riesigen Fläche. Von den höchsten Bergen der Welt im Himalaya, über undurchdringlichen Dschungel und feinste Sandstrände bis hin zu Tundra und Wüste ist alles vorhanden. Und auch die Völker und Kulturen unterscheiden sich teils stark voneinander. Wer auf asiatischen Traumstraßen reist, muss sich auf krasse Gegensätze zwischen arm und reich, zwischen unterentwickelt und hochtechnisiert, zwischen Tausendundeiner Nacht und E-Commerce einstellen. Die bekannteste Traumstraße des Kontinents ist die Seidenstraße, die eigentlich ein Netz alter Handelsstraßen darstellt, das Asien mit Europa verband.

Durch die Kulturlandschaft des Orients

EL AQABA → PETRA → MADABA → TOTES MEER → AMMAN → BOSRA → DAMASKUS → MAALULA → PALMYRA

Diese Traumstraße führt durch eine alte Kulturlandschaft, durch die viele Völker hindurch gezogen sind oder dort gelebt haben – und allesamt faszinierende Spuren hinterließen.

El Aqaba *(linke Seite oben)*

Die Traumstraße beginnt in Akaba, Jordaniens einzigem Badeplatz am Roten Meer. Neben dem Baden, Windsurfen und der Besichtigung von Festung und Karawanserei bietet sich vor allem ein Ausflug ins Wadi Rum (Abbildung) an. Dieses großartige, etwa 50 km lange Tal entstand, als die Erdkruste im Ostafrikanischen Grabenbruch riss. Über die Jahrtausende hat dann die Erosion die roten Felsen geformt.

Petra *(linke Seite unten)*

Durch die Wüste führt die Route Richtung Südosten nach Petra, zu Deutsch „Felsen". Die ehemalige Hauptstadt des Nabatäerreichs ist fast komplett in die rosarot gemaserten Felsen geschlagen – darunter bis zu 50 m hohe Scheinfassaden mit Säulen und Giebeln – und vereinigt damit Architektur und Natur auf eine faszinierende Weise. Petra ist zweifellos eine der außergewöhnlichsten Ruinenstädte der Welt und man kann sich nur wundern, was frühere Kulturen alles im Stande waren zu schaffen und zu bauen.

Madaba *(oben)*

Weiter nordöstlich geht es ins Hügelland von Amman nach Madaba. Diese Stadt, bereits zu biblischen Zeiten von den Moabitern gegründet, blühte während der byzantinischen Zeit auf. Aus dieser Epoche gibt es hier noch zahlreiche Mosaike zu besichtigen. Das bekannteste ist das Palästina-Mosaik in der Georgskirche (Abbildung). Mehr als zwei Millionen Steinchen stellen eine Karte von Palästina und Nordägypten dar – mit griechischen Beschriftungen.

Totes Meer *(unten)*

Wer nach Jordanien (oder Israel) reist, sollte auf keinen Fall ein Bad im Toten Meer verpassen. Während der Anblick dieses Binnensees, fast 400 m unter dem Meeresspiegel und damit der tiefste Punkt der Erde, wenig spektakulär ist, bringt das Baden umso mehr Spaß. Denn der Salzgehalt des Toten Meers liegt wegen der geringen Wasserzufuhr aus dem Jordan mit 33 Prozent so hoch, dass man praktisch nicht untergehen kann.

Amman *(oben)*

Über mehrere, teils sehr steile Hügel verteilt sich die jordanische Hauptstadt Amman. Als Residenz des jordanischen Königs ist sie mit Palästen, guten Hotels und exklusiven Geschäften gesegnet. Aber es gibt auch Basare und Moscheen, wie man es in dieser Region erwartet. Das römische Theater (Abbildung) und die Zitadelle sind die bedeutendsten Sehenswürdigkeiten in der Stadt.

Bosra *(unten)*

Die Traumstraße führt weiter Richtung Nordosten über die Grenze nach Syrien. Dort ist das nächste Ziel die antike Stadt Bosra. Sie vereint Baudenkmäler aus römischer, christlicher und islamischer Zeit, die den Wandel der Stadt unter verschiedenen Herrschern bezeugen. Besonders das fantastisch erhaltene römische Theater (Abbildung) aus schwarzem Basalt sticht hervor – es wurde über die Jahrhunderte von den Mauern der Zitadelle geschützt.

Damaskus *(rechte Seite oben links)*

In einer Flussoase an den östlichen Ausläufern des Antilibanon liegt die syrische Hauptstadt Damaskus. Sie ist zwar Millionenstadt, aber keineswegs verwestlicht, sondern eine der interessantesten Metropolen des Orients. In der Altstadt gibt es neben dem Suk, also dem Basar, viele Kulturdenkmäler, darunter die Omaijaden-Moschee (Abbildung) mit ihren fantastischen Mosaiken. Damaskus ist nach Mekka, Medina und Jerusalem die heiligste Stadt der Moslems.

Maalula *(oben rechts)*

Von Damaskus geht es knapp 60 km nördlich nach Maalula. Das Dorf liegt malerisch gestaffelt am Berghang. Darüber befinden sich das Nonnenkloster St. Thekla sowie das Mönchskloster St. Sergius. Letzteres ist eines der ältesten Klöster der Welt und beherbergt wertvolle alte Ikonen und Altäre. Das Kloster liegt über 1700 m hoch und bietet einen grandiosen Blick auf St. Thekla und Maalula.

Palmyra *(unten)*

Den grandiosen Abschluss dieser Route bildet mitten in der syrischen Wüste das riesige Ruinenfeld von Palmyra, das problemlos die meisten antiken Stätten in Italien und Griechenland in den Schatten stellt. Eines der ältesten Gebäude ist neben dem Baal-Shamin-Tempel der Baal-Tempel mit seinem großen Innenhof. Am imposantesten ist neben dem Theater mit dem Säulenring und der Bühnenwand die Säulenstraße (Abbildung). Sie setzt im Morgen- oder Abendlicht den Schlussakkord dieser Reise, der noch lange nachhallt.

Durch das Reich der Königin von Saba

SANAA → BAYT AL FAQIH → ZABID → TAIZ → ADEN → MAKALLA → SHIBAM → SHABWAH

Eine Reise durch den Jemen ist ein Besuch in Arabiens Schatztruhe voller Abenteuer und Historie.

Sanaa *(rechts)*

Es gibt keinen traumhafteren Ort, um diese Reise durch den Jemen zu beginnen, als die Altstadt von Sanaa. Ihre schmalen Häuser sind fünf bis neun Stockwerke hoch aus Lehmziegeln gebaut und heben sich von den gelbbraunen Bergen der Umgebung nur durch ihre weiße Dekoration ab. Beim genauen Hinschauen fallen die Reliefs aus Ziegelstein auf, die durch den weißen Kalk betont werden (Abbildung). All dies wird überragt durch die weißgetünchten Minarette, die die Erde mit dem Himmel zu verbinden scheinen.

Bayt al Faqih *(rechte Seite oben)*

Von Sanaa geht es nach Westen durch die fruchtbare Hochebene von Sanaa und das Küstentiefland Tihama nach Bayt al Faqih. Besonders am Freitag, wenn dort Markttag ist, geht es bunt und lebhaft zu. Im 18. Jahrhundert ließen sich hier Kaffeehändler nieder und die Türken bauten gar eine Festung zu deren Schutz. Inzwischen ist davon nur noch eine Ruine übrig und auch der Ort zehrt nur noch von seinem alten Flair.

Zabid *(unten links)*

In Richtung Süden liegt die Kleinstadt Zabid, umgeben von einer Stadtmauer und Wehrtürmen. Sie schützen gemeinsam mit der türkischen Zitadelle die engen Gassen einer der ältesten Städte des Jemen. In ihrer Blütezeit, von der zahlreiche, kunstvoll verzierte Bauten Zeugnis ablegen (Abbildung), besaß Zabid weit mehr als die immerhin noch 80 übrigen Religionsschulen. Für die Stadt ist die Große Moschee aus dem 15. Jahrhundert tonangebend.

Taiz *(unten rechts)*

Zwischen der Hochebene von Sanaa und der Küstenebene des Roten Meers wurde um das Jahr 1000 die Stadt Taiz gegründet. Sie prunkt mit vier alten Moscheen, von denen die Ashrafia-Moschee (Abbildung) die bekannteste ist, obwohl die Mutabiya-Moschee mit ihren zahlreichen Kuppeln von noch größerer Harmonie ist. Der Palast des Imam Ahmad und der Salah-Palast werden beide als Museen benutzt.

Aden *(oben)*

Von Taiz nach Aden bewältigt die Route einen Höhenunterschied von etwa 1000 m. Damit verbunden sind um gut 10 °C steigende Temperaturen und eine entsprechende Veränderung der Landschaft: Aus dem fruchtbaren Hochland geht es durch karge Strauchvegetation in die Sandwüste und an den Golf von Aden. Seine Bedeutung als Hafenstadt hat Aden, das oft heiß umkämpft war und deswegen kaum historische Bauwerke besitzt, mit der Eröffnung des Suezkanals verloren.

Makalla *(unten)*

Immer die Südküste entlang gen Osten passiert die Traumstraße den Vulkan Bir Ali und erreicht die Hafenstadt Makalla, auch Al Mukalla oder Mukalla genannt. Vor dem schwarzen Felsen des Jabal Qara gelegen, umrahmt vom Blau des Meers und des Himmels, präsentiert sich die weißgetünchte Stadt wie eine Perle in einem kostbaren Schmuckkästchen. Diesen Eindruck bestätigen bei der Besichtigung Details wie kunstvoll geschnitzte Türen und Fenster (Abbildung).

Shibam *(oben)*

Richtung Norden führt die Route nach Shibam, das gerne als Manhattan der Wüste bezeichnet wird. Tatsächlich überrascht, wie einheitlich die alten Lehmhäuser gut 30 m, also acht Stockwerke, hoch aufragen. Denn immerhin sind manche um die 300 Jahre alt. Das alte Shibam ist von einer Stadtmauer umgeben, die auch den ehemaligen Sultanspalast und die Harun-ar-Raschid-Moschee schützt, deren Alter mit 1000 Jahren angegeben wird.

Shabwah *(unten)*

Gen Westen, auf dem Rückweg nach Sanaa, geht es durch die karge aber bezaubernde Landschaft (Abbildung) des ehemaligen Königreichs Hadramaut. Sehenswert und zugleich letzte Station auf dieser Traumstraße sind die Ruinen der einstigen Hauptstadt Shabwah. Sie entführen in Zeiten, in denen von diesem Ort aus Karawanen nach Westen und Norden aufbrachen. Als religiöses Zentrum soll Shabwah seinerzeit 60 Gotteshäuser besessen haben. Von ihnen sind einige Ruinen erhalten ebenso wie vom königlichen Palast, Teile der Stadtmauer und das Nordtor.

Reise durch 1001 Nacht

RAS AL-KHAIMAH → SHARJAH → DUBAI → ABU DHABI → AL AIN → NIZWA → MASKAT → FUJAIRAH

Das Erdöl hat die Länder reich gemacht, doch die Religion bestimmt das tägliche Leben und so ist eine Reise durch die Vereinigten Arabischen Emirate (VAE, eine Föderation aus sieben Emiraten) und den Oman durch den Gegensatz zwischen extremer Modernität und alten Traditionen gekennzeichnet.

Ras al-Khaimah *(linke Seite)*

Die Traumstraße startet in Ras al-Khaimah, der Hauptstadt des gleichnamigen nördlichsten Emirat der VAE. Sie liegt wunderschön auf einer Landzunge zwischen dem Arabischen Golf und einer Lagune (Abbildung). Leider sind in der Altstadt viele Häuser leer und verfallen, nicht jedoch das Fort. Es diente ursprünglich als Palast des Emirs und wird heute als Nationalmuseum genutzt.

Sharjah *(oben)*

Ganz anders erging es der Altstadt von Sharjah, jenem Ort an der Westküste kurz vor Dubai. Hier wurde die Innenstadt gründlich restauriert und man richtet dort so viele Museen ein, dass die Stadt nun die meisten Museen der VAE besitzt. Besonders sehenswert sind das Kunst- und das Islammuseum aber auch die überaus malerisch am Al-Qasba-Kanal gelegene Sharjah-Moschee (Abbildung). Eine orientalische Verführung zum Konsum sind dagegen die Souks von Sharjah, allen voran der Al-Majarrah Souk und der Al-Markzi, auch Blue Souk genannt.

Dubai *(unten)*

Nur 15 km vom Scheichtum Sharjah entfernt liegt Dubai, das bekannteste, reichste und kapitalistischste Emirat und das touristische Zentrum der VAE. Es erregt immer wieder Aufsehen in den westlichen Medien durch seine superluxuriösen und -teuren Megahotels wie das 7-Sterne Hotel Burj Al Arab am Jumeirah Beach (Abbildung). Da die Reichen dieser Welt nicht nur wohnen, sondern auch shoppen, sich vergnügen und Sport treiben wollen, gibt es Golf- und Tennisplätze, allen denkbaren Wassersport, exklusive Restaurants und Geschäfte auf höchstem – finanziellem – Niveau

Abu Dhabi *(oben)*

Demjenigen, der an der Westküste entlang nach Abu Dhabi reist, käme nie in den Sinn, eine Stadt mit 5000-jähriger Geschichte zu betreten. Alles ist neu, groß und glänzend. Nur noch das Fort Al-Hosn und das Freilichtmuseum bezeugen die Vergangenheit. Ein eindrucksvolles Erlebnis ist ein Ausflug von Abu Dhabi in die Sandwüste (Abbildung) zu den Liwa-Oasen, jenen 15 Dörfern, die durch gut 150 m hohe Sanddünen voneinander getrennt sind.

Al Ain *(unten)*

Durch die Wüste geht es nach Al Ain am Fuße des Hajarmassivs. Hier gibt es ein gut 200 km^2 großes Oasengebiet mit rund 200 Quellen und Brunnen, aus denen die „Gartenstadt", wie Al Ain auch genannt wird, ihr Grün und Leben speist. Neben mehreren Forts und der modernen Salama-Moschee gibt es hier nicht nur einen interessanten Viehmarkt, sondern auch den Camel Market (Abbildung), wo sich besonders am Wochenende alles um das einhöckrige Dromedar dreht.

Nizwa *(rechte Seite oben)*

Was früher eine gefährliche und abenteuerliche Reise über Geröllpisten war, wurde dank der Petrodollars zu einer bequemen Autobahnfahrt. Trotzdem ist der Weg von den Emiraten in den Oman immer noch sehr beeindruckend, wenn es an Wadis vorbei geht oder Gebirgswände des Hajar senkrecht neben der Straße aufragen. Nizwa (Abbildung) ist die Silberstadt des Oman, wo seit Jahrhunderten bis heute Silberschmuck gearbeitet und im Souk verkauft wird.

Maskat *(Mitte)*

Omans alte Stadt Maskat (Muscat) am Golf von Oman (Abbildung) präsentiert sich viel beschaulicher als die meisten anderen Städte der Emirate. Allein der Blick auf das am Abend beleuchtete Fort Mirani erinnert an 1001 Nacht. Gemeinsam mit dem portugiesischen Fort und dem Sultanspalast Al Alam, einer interessanten Mischung aus indischer und arabischer Architektur, bildet es die Highlights der Altstadt, die malerisch an einer Bucht liegt.

Fujairah *(unten)*

Den Abschluss dieser Reise bildet das kleine, sympathische Emirat Fujairah an der Ostküste der VAE, das mit seiner wundervollen Lage zwischen dem Hajargebirge und dem Golf verzaubert. Das renovierte Fort (Abbildung) mit seinen Palmengärten und einige wenige Häuser bilden die Altstadt, ansonsten ist alles maximal 50 Jahre jung – und meist finanziert von Abu Dhabi, denn bisher wurden hier weder Erdöl noch -gas gefunden. Dafür kann sich Fujairah der besten Tauchreviere in den Emiraten rühmen.

Entlang der antiken Seidenstraße

BUCHARA → TÜRKMENABAT → MERW → MESCHHED → SEMNAN → TEHERAN → HAMADAN → KERMANSHAH / TAGH-E-BOSTAN

Die Traumstraße von Usbekistan in den Iran gehört zum verzweigten Netz der alten Handelsstraßen, die unter dem Begriff Seidenstraße zusammengefasst werden und dereinst Okzident und Orient miteinander verbanden.

Buchara *(linke Seite)*

Die Reise beginnt in Buchara, Usbekistan, einer Wüstenstadt, in der Seide auch heute noch eine wichtige Rolle für die Wirtschaft spielt. Ihre Blütezeit erlebte sie jedoch im Mittelalter. Aus dieser Zeit stammen noch die Stadtmauern aus Lehmziegeln, die Kaljan-Moschee (Abbildung), die Ulug-Beg-Medrese und das Ismail-Samani-Mausoleum, die mit zahlreichen weiteren Bauwerken zum Weltkulturerbe zählen.

Türkmenabat *(oben)*

Von Buchara verläuft diese Traumstraße, die sich bei Temperaturen bis 50 °C für manchen auch zum Albtraum entwickeln kann, durch die Sandwüste Karakum mit gelegentlichem kargem Bewuchs Richtung Südwesten und erreicht Türkmenabat in Turkmenistan. Der Amurdarja ist der Lebensquell der Stadt, die sogar einen Binnenhafen hat. Diese zweitgrößte Stadt des Landes ist eine Industriestadt, die hauptsächlich von der Verarbeitung regionaler Produkte wie Schaffellen und Baumwolle lebt.

Merw *(unten rechts)*

Auf halber Strecke nach Meschhed liegen die Überreste der einst zweitgrößten Stadt des Islam: Merw. Die einstige Oasenstadt konnte auf eine lange und glanzvolle Geschichte zurückblicken, bis sie 1221 von Dschingis Kahns Sohn Toloi vollständig dem Erdboden gleichgemacht wurde. Die Ruinen von Merw wurden 1999 von der Unesco in die Liste des Weltkulturerbes aufgenommen.

Meschhed *(unten links)*

Weiter geht es durch die Karakum-Wüste Richtung Südwesten über die Grenze zu Iran nach Meschhed. Die heute zweitgrößte Stadt des Iran wird auch Stadt der goldenen Kuppeln genannt. Sie belohnt die Mühen des Weges mit der Grabmoschee des Imam Resa (Abbildung) und der Gauhar-Schad-Moschee im heiligen Bezirk. Meschhed ist einer der wichtigsten Wallfahrtsorte der Schiiten – über 20 Millionen Moslems besuchen ihn jedes Jahr.

Semnan *(oben)*

Die nächste Station auf diesem alten Handelsweg ist die Provinzhauptstadt Semnan. Die Stadt liegt fast 1200 m über dem Meeresspiegel am südlichen Fuß des Elbursgebirges (Abbildung), einer Wasserscheide zwischen Nord- und Südiran. Die historische Altstadt hat einige sehenswerte Bauwerke und vermittelt mit ihren engen Gassen insbesondere im Basar den unnachahmlichen Charme des Orients.

Teheran *(unten)*

Über Garmsar und Pishva führt die Route nach Teheran. Die Hauptstadt des Iran ist mit ihren über sechs Millionen Einwohnern nicht nur in Bezug auf Politik, Wirtschaft und Kultur Mittelpunkt des Landes, sondern auch der bedeutendste Ort der Welt für den Teppichhandel. Neben einem modernen Stadtkern gibt es hier viele Gebäude aus dem 19. Jahrhundert, angefangen beim Basar, über die Moscheen Khomeini und Sepah-Salar bis hin zum Golestanpalast, der heute als Museum dient. Vom Azadi (Abbildung), auch als Freiheitsturm bekannt und Wahrzeichen der Stadt von 1971, bietet sich ein fantastischer Blick über die Stadt.

Hamadan *(oben)*

Weiter gen Westen führt die Strecke nach Hamadan, der mit 1800 m am höchsten gelegenen Provinzhauptstadt des Iran. Sie gilt als eine der ältesten iranischen Städte, die vermutlich schon vor der Gründung durch die Meder 700 v. Chr. existierte. Trotz vieler Zerstörungen im Laufe der Jahrhunderte sind noch einige beeindruckende Zeugnisse erhalten wie die Mausoleen der biblischen Esther, des Mediziners Avicenna und des Mystikers Baba Tahir, der Grabturm der Familie Alavien und der steinerne Löwe. Heute ist Hamadan ein wichtiges Handelszentrum, vor allem für Pelze und Teppiche.

Kermanshah / Tagh-e-Bostan *(unten)*

Im Gegensatz zu früheren Zeiten, als durch die Handelsstadt Kermanshah noch Karawanen zogen und Rast machten – die Stadt lag in einem wasserreichen Becken – ist das Stadtbild heut der Zeit durch Modernität geprägt. In der Ortschaft Tagh-e-Bostan, nordöstlich von Kermanshah gelegen, befinden sich die berühmtesten Sassanidischen Grotten – eine touristische Attraktion. Im Inneren der Grotten finden sich einige der erstaunlichsten Basreliefs, die je im Iran entdeckt wurden (Abbildung). Die Reliefs entstammen der Zeit zwischen 300 und 600.

Das Goldene Dreieck

DELHI → AGRA → ALWAR → JAIPUR → AJMER → UDAIPUR → JODHPUR → JAISALMER

Diese Route im Nordwesten des großen Landes führt durch die indische Provinz Rajasthan mit ihren Wüsten und Gebirgen. Sie verbindet die Vielfalt der Natur mit der märchenhaften Pracht des Mogulreichs in faszinierender Weise.

Delhi *(oben)*

Die Traumstraße beginnt in der Millionenstadt Dehli, die Reisende zunächst mit Modernität statt mit der erwarteten bunten Exotik empfängt. Ihr südlicher Stadtteil Neu-Dehli ist die Hauptstadt von Indien. Durch einen Grüngürtel getrennt, wartet Alt-Dehli mit verwinkelten Gassen und Basaren auf. Am Stadtrand dominiert das Rote Fort, eine gewaltige Festungsanlage mit Palästen, der Perlmoschee und Museum. Ganz in der Nähe befinden sich auch die Freitagsmoschee Jami Masjid (Abbildung).

Agra *(rechte Seite oben rechts)*

Richtung Südosten geht es nach Agra, wo mit dem Taj Mahal (Abbildung) die Pracht von Tausendundeiner Nacht Wirklichkeit zu werden scheint. Was aussieht wie ein Palast, ist das Grabmal, das Großmogul Shah Jahan für seine 1631 verstorbene Lieblingsfrau bauen ließ. Die vollendete Harmonie der Verhältnisse von Kuppeln und Minaretten zueinander sowie vom Gebäude und der Park- und Wasseranlagen machen das Taj Mahal zu einer der meistfotografierten Sehenswürdigkeiten der Welt.

Alwar *(rechte Seite oben links)*

Weiter gen Westen erreicht die Traumstraße Alwar am Rande der Aravalliberge. Wo früher der Maharaja Rao Pratap Singh residierte, sitzt heute die Verwaltung der Kleinstadt – im Vinay Vila Mahal, dem Stadtpalast. Die wunderschön gelegene Anlage vom Ende des 18. Jahrhunderts besteht aus mehreren Pavillons, einem Mausoleum und einem künstlichen See. Nahe bei Alwar befindet sich das Sariska-Tigerreservat, wo man mit etwas Glück eines der Raubtiere in freier Wildbahn sehen kann.

Jaipur *(unten)*

Richtung Süden führt die Strecke nach Jaipur, wo es mit dem Palast der Winde (Abbildung) und der Sternwarte Jantar Mantar wiederum zwei weltbekannte Sehenswürdigkeiten zu entdecken gibt. Bei ersterem handelt es sich um eine prächtige, fünfstöckige Fassade hinter der die Haremsdamen unbeobachtet dem Treiben auf der Straße zuschauen konnten. Das Observatorium von 1738 ist mit Originalinstrumenten ausgestattet, die bei einer Führung demonstriert werden.

Ajmer *(oben)*

Nach 140 km in Richtung Südwesten erreicht die Traumstraße Ajmer, eine mittelgroße Stadt, die lange unter islamischer Herrschaft stand. Dies bezeugen bis heute die Ruinen der Adhai-din-ka-jonpra-Moschee (Abbildung) und vor allem der große Moscheenkomplex Dargah mit dem Grabmal des Sufi Khwaja-du-din Chishti. Dies ist einer der wichtigsten heiligen Orte für indische Moslems.

Udaipur *(unten)*

Die bezaubernde Lage am Fuße des Aravalligebirges und an den Ufern mehrerer Seen sowie zahlreiche Paläste machen Udaipur in der unteren Ecke des „Goldenen Dreiecks" zu einem Reiseziel, das seinesgleichen sucht. Der Stadtpalast (Abbildung) als größte Palastanlage Rajasthans und der skulpturengeschmückte Jagdishtempel für den Gott Vishnu sind nur zwei der vielen Sehenswürdigkeiten. Wer das Glück hat, sich das Lake Palace Hotel leisten zu können, das in einem ehemaligen Palast mitten im See liegt, wird sicher nicht weiterfahren wollen.

Jodhpur *(oben)*

Richtung Norden geht es nach Jodhpur. Die Stadt östlich der Wüstensteppe Thar wurde erst 1459 gegründet und wird vom Fort Meherengarth (Abbildung) überragt. Es liegt auf einem Felsen 120 m über der Stadt und ist von einer teilweise 36 m hohen Mauer umgeben. Sieben Tore führen hinein zu mehreren Palästen. Direkt südlich schließt sich die ebenfalls durch Mauern gesicherte Altstadt mit ihren farbenfrohen Basaren an.

Jaisalmer *(unten)*

Die letzte Station und die westliche Ecke des Goldenen Dreiecks bildet Jaisalmer, die goldene Stadt in der Wüste Thar. Erbaut aus ockergelbem Sandstein glänzt die Stadt bei entsprechendem Sonnenlicht in einem warmen Goldton, wenn man sich ihr nähert. Auf einem Felsen liegt das mit einer Mauer und 99 Bastionen bewehrte Fort. Im Inneren waren der Palast und der Jain-Tempel gut geschützt, außen herum entwickelte sich die Stadt (Abbildung). Und abseits der Stadt befinden sich die Grabmäler von Jaisalmers Herrschern.

Durch das Land der Maharadschas

CHENNAI → CHIDAMBARAM → MADURAI → THIRUVANANTHAPURAM → THRISSUR → PANAJI → PUNE → MUMBAI

Diese Traumstraße führt rund um die Nordspitze Indiens in die Welt der Götter, ihrer Tempel und Tänze.

Chennai *(links)*

Die Traumstraße beginnt in der Hauptstadt des Bundesstaates Tamil Nadu, in Chennai, bei vielen immer noch besser bekannt unter dem Namen Madras. Die viertgrößte Stadt Indiens ist mit ihrem riesigen Hafen nicht nur ein wichtiges Wirtschaftszentrum, sondern auch von großer kultureller Bedeutung. Hier wird der klassische Tanz Bharata Natyam nicht nur gelehrt, sondern alljährlich während eines großen Tanzfestivals Ende Dezember auch in hunderten von Veranstaltungen vorgeführt.

Chidambaram
(rechte Seite oben)

Die Route folgt der Küste Richtung Süden nach Chidambaram. Unterwegs stößt man auf mehrere schöne Tempelanlagen, doch der Nataraja-Tempel (Abbildung), ist nicht nur hübsch anzuschauen und einer der heiligsten in Indien, sondern auch sehr lebendig: Nataraja ist Shivas Verkörperung als tanzender Gott und so wirkt die Puja am Morgen auf Europäer eher wie ein Volksfest, denn wie eine Zeremonie der Gottesverehrung.

Madurai *(unten links)*

Mit Madurai erreicht die Route eines der ältesten religiösen Zentren Indiens. Der Minakshi-Sundareshvra-Tempelkomplex ist mit 260 × 220 m Fläche und den vielen Hallen und Fluren fast ein kleines Dorf. Überragt wird er von vier hohen, relativ schlanken Gopuras, den Tempeltoren mit Turm. Sie sind überreich mit bunten Figuren bedeckt und werden regelmäßig restauriert, damit die Farbenpracht vom Anfang des 17. Jahrhunderts erhalten bleibt.

Thiruvananthapuram *(unten rechts)*

An der Westküste fast ganz unten an Indiens Spitze liegt Thiruvananthapuram – auch Trivandrum genannt – auf sieben Hügeln. In der Hauptstadt von Kerala geht es weniger hektisch zu als in anderen indischen Großstädten. Neben der Besichtigung der Stadt mit ihren Tempeln und Museen bieten sich ein Besuch des Velayani-Sees im Hinterland und vor allem der Strände an, etwa in Kovalam (Abbildung). Denn die Strände am Indischen Ozean sind einfach traumhaft und gehören zu den schönsten der Welt.

Thrissur *(oben)*

Die Westküste weiter hoch gen Norden ist die nächste Station auf dieser Traumstraße Thrissur mit seinem Puram-Fest (Abbildung): In den Straßen drängen sich tausende von Menschen, wenn die geschmückte Elefanten-Parade hindurchzieht. Ihr Ziel ist der Vadakhunnatha-Tempel. Musik und Feuerwerk sorgen für die nötige festliche Geräuschkulisse – ein Rausch aus Farben und Exotik, der seinesgleichen sucht.

Panaji *(unten)*

Immer an der Küste entlang geht es über Kozhikode und Mangalore nach Panaji. Die Hauptstadt des kleinsten indischen Bundesstaates Goa hat sich ihr portugiesisches Flair bewahrt. Augenfälligstes Zeugnis der Kolonialzeit ist die weiß erstrahlende Barockkirche der Unbefleckten Empfängnis (Abbildung): Sie ist mit ihren zweizügigen Treppen der bekannten Wallfahrtskirche Bom Jesus do Monte bei Braga in Portugal nachempfunden.

Pune *(oben)*

Im Bundesstaat Maharashtra liegt Pune, von den Briten Poona genannt, oben in den Bergen der Westghats. Weltweit bekannt wurde die Stadt vor allem durch den Ashram von Bhagwan Rajneesh, auch Osho genannt, der in den 1970ern zahllose Hippies anlockte. Pune hat mit den Ruinen der Shanwar-Wada-Festung, zahlreichen Tempeln und dem Mahatma Phule Market aber auch noch anderes zu bieten.

Mumbai *(unten)*

In der zwar nur zweitgrößten, dafür aber kosmopolitischsten Stadt Indiens endet die Traumstraße durch das Land der Maharadschas. Seit 1995 heißt Bombay nach einer lokalen Göttin Mumbai. Die Stadt ist geprägt von Gegensätzen: Chhatrapati Shivaji Terminus und der Gateway of India zeugen davon, dass die Stadt Verkehrsknotenpunkt ist. Dagegen erinnern die monumentalen Statuen in den hinduistischen Höhlentempeln von Elephanta (Abbildung) daran, welche wichtige Rolle die Religion immer noch spielt.

Über das Dach der Welt

SAGARMATHA-NATIONAL-PARK → MOUNT EVEREST → BHAKTAPUR → PATAN → KATHMANDU → POKHARA → ROYAL CHITWAN NATIONAL PARK

Die höchsten Gipfel der Erde üben eine ganz besondere Anziehungskraft aus. Doch die Traumstraße auf dem Dach der Welt, wie Nepal oft genannt wird, bietet auch weite Hochebenen, Stupas, Tempel und Klöster und vor allem offenherzige Menschen.

Sagarmatha-National-Park *(links)*

Der Streckenverlauf über das Dach der Welt beginnt beim Sagarmatha-National-Park, der wie der Royal Chitwan National Park zum Unesco-Weltkulturerbe gehört. Wegen seiner Höhenunterschiede bietet er eine mannigfaltige Flora und Fauna: In höheren Gefilden (4500 m) wachsen Silbertannen, Birken oder auch Rhododendren, unterhalb von 3500 m Meereshöhe Kiefern- und Blautannenwälder. Tierfreunde können hier seltene Arten, wie etwa den Schneeleoparden (Abbildung), beobachten und bestaunen.

Mount Everest *(linke Seite)*

Nächste Station auf der Route ist daher der Everest, der höchste Berg der Welt (Abbildung). Nach der Messung von 1999 befindet sich sein Gipfel 8850 m über dem Meeresspiegel. Bereits das Basiscamp für Gipfelstürmer liegt 5456 m hoch und eine Besteigung bis zum Gipfel ist und bleibt eine extrem strapaziöse Expedition für wenige Spezialisten. Normalsterbliche finden jedoch auch schon den Blick umwerfend.

Bhaktapur *(rechts)*

Weiter westlich liegt die nepalesische Königsstadt Bhaktapur. Da sie in einem fruchtbaren Gebiet und etwas abgeschieden liegt, wird ihr Leben von den Bauern geprägt und ist gemächlicher und bodenständiger als in den beiden anderen Königsstädten Patan und Katmandu. Der Palastbereich am Durbar Square mit seinem wunderbar gearbeiteten Goldenen Tor (Abbildung) ist die bedeutendste unter den zahlreichen Sehenswürdigkeiten.

Patan *(oben)*

Während in Bhaktapur Hindus die Bevölkerungsmehrheit stellen, sind es in der Königsstadt Patan die Buddhisten. Auch hier drängen sich am zentral gelegenen Durbar Square die Tempel, wie z. B. der Machliendranath-Tempel (Abbildung) und der Königspalast. Doch da das Stadtbild sehr regelmäßig und die Straßen breiter angelegt sind als in den beiden anderen Königsstädten, fällt die Orientierung leichter.

Kathmandu *(unten)*

Die dritte Königsstadt ist zugleich die Hauptstadt von Nepal. Kathmandu ist allerdings in den letzten Jahren mit Bhaktapur und Patan fast zusammengewachsen, denn alle drei Städte haben sich rasant vergrößert. Da Hindus und Buddhisten hier gleichermaßen vertreten sind, gibt es auch Tempel beider Religionen. Ein Highlight ist der erste und älteste Stupa in Swayambhunath, der von der Bergkuppe mit den göttlichen Augen der Allgegenwart hinabschaut (Abbildung) – ein Blick, dem sich kaum jemand entziehen kann.

Pokhara *(oben)*

Richtung Nordwesten erreicht die Traumstraße Pokhara am Phewa-See (Abbildung). Das charmante Örtchen wird auch Tor zum Himalaya genannt, weil hier in der Regel die Trekkingtouren starten. Doch allein der wunderbare Blick über den See auf die Berge, am besten noch bei Morgennebel, lohnt den Besuch. Die kleine Insel im See mit dem Vahari-Tempel kann man per Boot erreichen und erkunden.

Royal Chitwan National Park *(unten)*

Die letzte Station der Reise liegt im Süden an der Grenze zu Indien: der Royal Chitwan National Park. Er schützt das letzte größere zusammenhängende Waldgebiet Nepals und die darin lebenden Tiere und Pflanzen. Kurioserweise ist es entstanden, damit die Herrscherfamilie und ihre europäischen Gäste hier mit Erfolg jagen konnten. Heute werden hier nur noch Fotos geschossen – von Panzernashörnern, Bengalischen Tigern, Schwarzbären oder Affen (Abbildung).

Auf der Straße der Seidenhändler

PEKING → KASHGAR → URUMQI → TURFAN → MONDSICHELSEE UND BERGE DES SINGENDEN SANDES BEI DUNHUANG → MOGAO-GROTTEN BEI DUNHUANG → JIAHUGUAN → XI'AN

Die Seidenstraße ist eine alte, seit dem 2. Jahrhundert v. Chr. benutzte Handelsstraße, um chinesische Seide nach Europa zu bringen. Heute folgen ihr – wie hier in China – Touristen durch überwältigende Landschaften zu einzigartigen Kulturdenkmälern.

Peking *(linke Seite)*

Peking lag nicht an der Seidenstraße, doch da die meisten Besucher Chinas hier ankommen und vor allem, weil die Stadt so viel Faszinierendes zu bieten hat, bildet sie den Startpunkt dieser Traumstraße. Im Zentrum liegt die Verbotene Stadt, also der Kaiserpalast, mit künstlichen Hügeln und Seen sowie zahlreichen Tempeln und Palästen. Den imposanten Himmelstempel (Abbildung), der sich in der Äußeren Stadt befindet, suchte der Kaiser zweimal jährlich auf.

Kashgar *(oben)*

In einem großen Sprung geht es – am besten per Inlandsflug – in die Nähe der Grenze zu Tadschikistan nach Kashgar, um die chinesische Seidenstraße von Nordwest nach Südost „aufzurollen". Hier kreuzten sich die nördliche und die südliche Route der Seidenstraße. Diese alte Handelsstadt vermittelt mit ihren bunten Basaren bis heute orientalisches Flair, das viele chinesische Städte gegen Modernität getauscht haben. Mit der Id-Kah-Moschee besitzt die Stadt die größte Moschee Chinas.

Urumqi *(Mitte)*

Mit dem Zug über eine noch neue Strecke gelangt man in „nur" 36 Stunden nach Urumqi. Von der Handelsstadt an der Seidenstraße hat sich Urumqi zur Industriemetropole entwickelt. Während das Provinzmuseum Einblicke in die Entwicklung und das Leben der zahlreichen Völker dieser Region bietet, streichelt ein Ausflug zum Himmelssee (Abbildung) die Seele: Er liegt 1980 m hoch vor dem 5000-er Gipfel Boda Feng mit seiner Schneekuppe – ein atemberaubender Anblick.

Turfan *(unten)*

Auf der Strecke nach Turfan wird die Gegend immer karger und wüstenartiger – kein Wunder, denn es geht zum heißesten Ort in China. Turfan liegt in einer Senke 80 m unter dem Meeresspiegel, so dass sich die Hitze im Sommer bis zu 50 °C stauen kann. Wahrzeichen der alten Seidenzucht- und Handelsstadt ist das Emin-Minarett (Abbildung), während die Ruinen von Jiaohe 10 km westlich der Stadt bezeugen, dass hier schon im 2. Jahrhundert v. Chr. eine Hochkultur blühte.

Mondsichelsee und Berge des Singenden Sandes bei Dunhuang *(oben)*

Die Oasenstadt Dunhuang ist das Pendant zu Kashgar im Osten der Takla Makan: Hier gabelte sich die Seidenstraße in die nördliche und südliche Route. Heute zieht eine einzigartige Naturszenerie die Touristen magisch an: Nur 5 km südlich liegen die 250 m hohen Berge des Singenden Sandes und mittendrin als Clou der sogenannte Mondsichelsee (Abbildung). Während der See nach seiner Form benannt wurde, erhielten die Dünen ihren Namen, weil die Sandkörner schon bei leichtem Wind aneinander reiben und dabei Töne hervorbringen, die klingen wie „verschiedene Musikinstrumente, besonders Trommeln" – so bereits Marco Polo.

Mogao-Grotten bei Dunhuang *(unten)*

Nur 25 km weiter Richtung Südosten befinden sich die „Grotten der tausend Buddhas" – eine einzigartige kulturelle Sehenswürdigkeit. In die Sandsteinklippen eines ausgetrockneten Flussbetts wurden zwischen dem 4. und dem 13. Jahrhundert über 1000 Höhlen zu Ehren Buddhas geschlagen und mit Wandmalereien und Heiligenfiguren aus bemaltem Stuck ausgeschmückt. Da die Grotten vom 15. bis zum Beginn des 20. Jahrhunderts komplett unter Wüstensand begraben waren, sind mehr als die Hälfte noch gut erhalten.

Jiayuguan *(oben)*

Wer sie nicht gesehen hat, verrät besser niemandem, dass er in China war: Die Große Mauer (Abbildung) ist das Realität gewordene Hirngespinst eines größenwahnsinnigen Kaisers: Qin Shihuangdi wollte die Nordgrenze seines Reiches gegen die „Steppenbarbaren" schützen und verband bereits vorhandene Schutzwälle zur chinesischen Mauer. Sie ist insgesamt über 7000 km lang und man vermutet, dass sie einst sogar bis zu 10 000 km lang gewesen sein könnte, und heute manche Bereiche zerstört oder noch verschüttet sind. Im Durchschnitt ist sie 6 bis 8 m hoch und 5 bis 6 m breit.

Xi'an *(unten)*

Mit Xi'an ist der Endpunkt der Seidenstraße erreicht. Viele Kulturdenkmäler bezeugen die einstmalige Bedeutung der Stadt, die mit drei Millionen Einwohnern für chinesische Verhältnisse nur mittelgroß ist. Was aber selbst die Chinesen groß und großartig finden, liegt vor den Toren der Stadt: die Grabanlage von Qin Shihuangdi mit der weltberühmten Terrakotta-Armee (Abbildung). Der Erste Kaiser, der auch die Große Mauer initiierte, ließ sein Mausoleum von über 7000 Soldaten aus Terrakotta, 600 Pferden aus Ton und 100 Kriegswagen aus Holz bewachen.

Der südostasiatischen Fernstraße folgend

SINGAPUR → MELAKA → KUALA LUMPUR → IPOH → PENANG → PHANG NGA → KHAO SOK NATIONAL PARK → HUA-HIN → BANGKOK

Die Fernstraße führt von Süden nach Norden durch Südostasien und verbindet Millionenstädte mit Kleinstädten, Strände mit Nationalparks und berührt Reichtum und Vielfalt dieser Region.

Singapur *(oben)*

An der Südspitze der Malaiischen Halbinsel beginnt diese südostasiatische Traumstraße, und zwar in Singapur. Einen hervorragenden Blick auf die Metropole und ihre vorgelagerten Inseln bietet der 120 m hohe Mount Faber, der Hausberg Singapurs. Der selbständige Stadtstaat ist ein kultureller, ethnischer und religiöser Schmelztiegel und jede Bevölkerungsgruppe hat seit der Stadtgründung ihr eigenes Viertel. Das Wirtschaftsleben spielt sich in der Orchard Road ab.

Melaka *(unten)*

Richtung Südwesten geht es über die Grenze nach Malaysia weiter nach Melaka. Diese im 13. Jahrhundert gegründete und damit für südostasiatische Verhältnisse alte Stadt war ein wichtiges Handelszentrum und entsprechend begehrt bei den Kolonialmächten. Während die Festung A Famosa bzw. ihre Reste auf die Portugiesen zurückgehen, stammt die Christchurch (Abbildung) am Roten Platz von den Holländern.

Kuala Lumpur *(oben)*

Nächste Station auf der Strecke ist die Hauptstadt von Malaysia. Dass Kuala Lumpur in der Welt als Wirtschaftsmetropole wahrgenommen werden will, demonstrierte spätestens der Bau der Petrona Twin Towers (Abbildung), die im Jahr 1998 mit 450 m als höchstes Haus der Welt eröffnet wurden. Der Architekt Cesar Pelli wollte gar mehr: „Ein Tor zur Unendlichkeit". Um dieses Tor sichtbar zu machen sind die beiden Türme in 170 m Höhe durch eine Brücke verbunden.

Ipoh *(unten)*

In der Großstadt mit kleinstädtischem Charme, Hauptstadt des Bundesstaates Perak, kann man in dem im nördlichen und südlichen Bereich der Stadt verlaufenden Kintatal Tempel (Abbildung) besichtigen, die sich in steilen, größtenteils mit Bäumen bewachsenen Kalksteinfelsen, befinden. Ein Abenteuer, das man nicht auslassen sollte.

Penang *(oben)*

In nördlicher Richtung geht es weiter nach Penang. Die Insel ist über eine Brücke mit dem Festland verbunden und vor allem wegen ihrer schönen, feinsandigen Strände beliebt. In der Hauptstadt Georgetown, die ihre historischen Gebäude weitgehend bewahrt hat, geht es farbenfroh und lebendig zu – wegen der vielen unterschiedlichen Ethnien in der Bevölkerung gibt immerfort einen Anlass zum Feiern.

Phang Nga *(Mitte)*

Die Südostasien Fernstraße führt nun über die Grenze zwischen Malaysia und Thailand nach Phang Nga. Bereits ab Krabi bezaubert hier eine grandiose Fels- und Dschungellandschaft. In Phang Nga angekommen, ist es tatsächlich möglich, dieses Naturerlebnis noch zu übertreffen: und zwar mit einer Bootsfahrt durch die Bucht vorbei an den imposant aufragenden Felstürmen aus hellem Kalkstein (Abbildung).

Khao Sok National Park *(unten)*

Nur wenige Kilometer nördlich wartet der Khao Sok National Park mit noch mehr Naturhöhepunkten auf. Das Gebiet besteht aus tropischem Regenwald rund um den gleichnamigen Berg. Hier gibt es seltene Tiere und Pflanzen – wie beispielsweise Rafflesia Arnoldi (Abbildung), mit der größten Blüte der Welt – sowie zahlreiche Grotten und Höhlen. Und immer wieder schießen Wasserfälle die Felsen hinunter. Der bekannteste ist der Wasserfall der elf Elefanten, der über elf Stufen hinabfließt.

Hua-Hin *(oben)*

Bevor diese Traumstraße in der lauten Metropole Bangkok endet macht sie Station im ältesten Seebad des Landes, in Hua Hin. Die Attraktion ist der 3 km lange Strand mit feinstem Sand – und für manche Gäste auch die thailändische Königsfamilie. Denn seit König Rama VII. 1926 in Hua Hin den Palast Klai Gangwon, das bedeutet „Sorgenfern", errichten ließ, machten Königs hier meist im März/April Urlaub.

Bangkok *(unten)*

Um die Bucht von Bangkok herum erreicht die Route zum Schluss die gleichnamige thailändische Hauptstadt. In der 6-Millionen-Metropole gibt es allein über 400 Tempel, von denen viele überaus interessant und sehenswert sind. Keinesfalls verpassen darf man jedoch den Wat Phra Kaeo im Großen Palast (Abbildung). Die heiligste Figur steht im Bot und ist ein etwa 70 cm hoher Buddha aus Jade, dessen Kleidung der König höchstpersönlich dreimal im Jahr wechselt.

Nationalstraße 1

HO-CHI-MINH-STADT → PHAN THIET → PHAN RANG-THAP CHAM → NHA TRANG → QUI NHON → DA NANG → HUE → HANOI

In Ho-Chi-Minh-Stadt beginnt die Nationalstraße 1, die sich an der Ostküste des Landes bis nach Hanoi zieht und fantastische Naturschätze sowie unzählige historische Zeugnisse aus der 4000-jährigen Geschichte des Landes erschließt.

Ho-Chi-Minh-Stadt *(rechts)*

Ho-Chi-Minh-Stadt, das bis 1976 Saigon hieß, hat sich in rasantem Tempo auf den Weg in die Moderne gemacht. Autos haben die Wasserbüffel endgültig aus dem Stadtbild verdrängt und neue Hochhäuser stellen die alte Kolonialarchitektur und die Tempel zunehmend in den Schatten. Doch es gibt sie noch: Das Hôtel de Ville (Abbildung) und die Thien-Hau-Pagode, die Pagode des Jadekaisers und die Giac-Lam-Pagode, der älteste und vielleicht schönste Tempel der Stadt.

Phan Thiet *(rechte Seite oben)*

Durch Reis- und Zuckerrohrfelder (Abbildung) wendet sich die Nationalstraße 1 aus dem Inland zur Küste. Dort ist das Fischer- und Hafenstädtchen Phan Thiet der geeignete Ort, um auszuspannen und sich von der Großstadt zu erholen – das tun hier am Wochenende auch die Saigoner. Besonders beliebt sind der Strand von Mui Ne Beach und die weißen Sanddünen in der Nähe. Stimmungsvoll präsentieren sie sich in der untergehenden Sonne am Abend.

Phan Rang-Thap Cham *(unten)*

Die Küste noch nach Norden erreicht die Nationalstraße 1 die Stadt Phan Rang (Abbildung), die mit Thap Cham eine Doppelstadt bildet. Die Städte liegen am Chai, der hier eine trockene Ebene, charakterisiert durch Kakteen und Flamboyants, durchfließt. Ganz in der Nähe ragen als Landmarke die Türme von Po Klong Garai auf, einem alten Hindutempel des 13. Jahrhunderts.

Nha Trang *(oben)*

Der beliebteste Badeort Vietnams ist die nächste Station auf dieser Traumreise. Nha Trang bietet nicht nur einen schönen Strand (Abbildung), sondern auch eine Uferpromenade mit Cafés, Restaurants und vor allem einem wunderschönen Blick auf die vorgelagerten Inseln. Zu diesen Naturschönheiten gesellen sich nicht weit entfernt vom Zentrum die Türme von Po Nagar. Die Tempelanlage bestand ursprünglich aus acht Türmen, von denen heute noch vier erhalten sind.

Qui Nhon *(unten links)*

Der Weg weiter nach Norden bietet Aussichten auf die Küste und die Berge, die immer näher ans Meer heranrücken. Die Küstenstadt Qui Nhon beherbergte in den 1960er Jahren eine große US-amerikanische Militärbasis. Die Haupterwerbsquellen sind hier – wie in ganz Vietnam – die Landwirtschaft und der Fischfang (Abbildung). Heute sind vor allem die Umgebung mit ihren Denkmälern der Cham-Kultur von Interesse, denn ihre einstige Hauptstadt lag nur gut 30 km entfernt. Dagegen wurde der Bau der Long-Khanh-Pagode im Zentrum der Stadt erst 1946 beendet.

Da Nang *(linke Seite unten rechts)*

Während des Vietnamkriegs wurde die Küstenstadt Da Nang auch „Saigon des Nordens" genannt und war ein wichtiger Stützpunkt der Amerikaner, was sich heute noch im Stadtbild niederschlägt. Doch die alte Stadt war bereits in früheren Jahrhunderten aufgrund ihrer verkehrsgünstigen Lage von Bedeutung. Das lässt sich besonders gut im Cham-Museum nachvollziehen, das eine weltweit einzigartige Ausstellung zur Cham-Kultur präsentiert. In den nahe gelegenen Marmorbergen gibt es zahlreiche Höhlen in denen Buddha verehrt wird (Abbildung).

Hue *(oben)*

Über eine fantastische Panoramastrecke mit atemberaubendem Blick über die Halbinsel und die Lagune Lang Co geht es in die alte Kaiserstadt Hue. Sie lohnt sowohl wegen ihrer schönen Lage als auch wegen ihrer Kulturschätze einen Besuch. Höhepunkt sind die Reste der Zitadelle (Abbildung), die nicht nur eine Befestigungsanlage, sondern vor allem ein prächtiger Kaiserpalast war, der sich am Vorbild in Peking orientierte.

Hanoi *(unten)*

Den Schlusspunkt der Nationalstraße 1 setzt die vietnamesische Hauptstadt Hanoi. Der Name bedeutet „Stadt zwischen den Flüssen", nämlich zwischen dem berühmten Roten Fluss, dem To Lich und dem Nhi. Dementsprechend prägt Wasser das Stadtbild und verleiht Hanoi ein besonderes Flair. Während die Altstadt von schmalen Straßen, zahlreichen Tempeln und durch ein geschäftiges Treiben geprägt ist, kennzeichnen Geschäfte, Museen und Theater, aber auch noch Kolonialarchitektur die modernen Viertel.

Zu den Höhepunkten Honshus

MIYAJIMA → OKAYAMA → HIMEJI → KOBE → OSAKA → KIOTO → NARA → FUJI → KAMAKURA → TOKIO

Eine Reise über Japans Hauptinsel Honshu ist eine Reise durch die Gegensätze: Tradition trifft auf Moderne, Industrie auf Religion, Natur auf Kultur.

Miyajima *(linke Seite)*

Diese Traumstraße entlang der Südküste von Honshu beginnt mit einer Traumansicht, die allein schon reicht, Reisende nach Japan zu locken. Das rote Torii (Abbildung) des Itsukushima-Schreins umflutet von Wasser. Es steht 160 m entfernt von den Hauptgebäuden auf der heiligen Insel Miyajima, die bis ins 1[illegible]. Jahrhundert nur von Priestern betreten werden durfte. Pilger mussten mit dem Boot durch das Torii zum Steg, der direkt in den Schrein führt.

Okayama *(oben rechts)*

Richtung Nordosten führt die Route in die fruchtbare Ebene von Okayama mit ihren Reisfeldern. Die Stadt an der Inlandsee, dem etwa 500 km langen Meeresarm zwischen den Hauptinseln Honshu, Shikoku und Kiushu, wurde mit ihrer Burg 1573 gegründet. Berühmt sind beide für den um 1700 entstandenen Landschaftsgarten Kora-Kuen an der Burg (Abbildung), der zu den drei vollendetsten Garten Japans gezählt wird.

Himeji *(unten)*

Die nächste Station ist Himeji mit der bekanntesten und größten Burganlage Japans (Abbildung). Das Schloss des weißen Reihers, wie dieses UNESCO-Weltkulturerbe auch genannt wird, prangt strahlend weiß auf einem Hügel mitten in der Stadt. Voller Eleganz, Schönheit und Harmonie verzaubert es vor allem Europäer, die Burgen als trutzig und abweisend kennen. Trotz seiner Anmut erfüllte das Schloss im Mittelalter alle strategischen Anforderungen.

Kobe *(oben links)*

Ende des 19. Jahrhunderts war Kobe noch ein Fischerdorf, heute ist es eine Millionenstadt mit dem zweitgrößten Seehafen Japans. Und so ist der 108 m hohe Hafenturm (Abbildung) zum Wahrzeichen der Stadt geworden, die inzwischen nahezu alle Spuren des Erdbebens von 1995 getilgt hat. Kobe ist auch Ausgangspunkt für Ausflüge in die malerische Landschaft ringsum, vor allem in den Inlandsee-Nationalpark.

Osaka *(oben)*

Osaka liegt in direkter Nachbarschaft zu Kobe an der Mündung des Yodogawa und ist eines von Japans Industrie- und Wirtschaftszentren. Von der Burg, die einstmals die größte in Japan war, bietet sich dem Besucher ein spektakulärer Blick auf die Stadt. Während der Norden Osakas als Businessviertel von Wolkenkratzern geprägt ist, bietet das Minamiviertel im Süden Unterhaltung, Restaurants und Geschäfte. Der Sumiyoshi-Schrein aus dem dritten Jahrhundert ist das einzige historische Kulturdenkmal, das den Zweiten Weltkrieg unversehrt überstanden hat.

Kioto *(unten)*

Kioto ist das bedeutendste Kulturzentrum Japans, denn die Stadt blieb im Zweiten Weltkrieg von Bombenangriffen verschont. Da hier von 794 bis 1869 die japanischen Kaiser residierten, reihen sich in Kiotos Zentrum kaiserliche und religiöse Sehenswürdigkeiten – wie der Kiyomizu Tempel (Abbildung) – wie Perlen einer Kette aneinander und lassen diese Millionenstadt für europäische Augen besonders japanisch erscheinen.

Nara *(rechte Seite)*

Nara, eine der faszinierendsten und prächtigsten Städte Asiens, war von 710 bis 784 japanische Hauptstadt. Dieser Zeit entspringt auch das Gros der Tempelanlagen, die sich im Nara-Park befinden. Der Todaji-Tempel im Norden des Parks beherbergt eine majestätisch anmutende Buddha-Statue (Abbildung), die stattliche 16 m in die Höhe ragt. Ebenfalls sehenswert ist der Kasuga-Schrein – ein vielfach fotografiertes Motiv.

虚空

Fuji *(linke Seite oben)*

Auf dem Weg nach Tokio ragt er mit seiner schneebedeckten Kuppe eindrucksvoll aus der flachen Ebene: der Fuji, auch Fuji san oder Fujiyama genannt. Der 3776 m hohe Vulkan ist nicht nur der höchste Berg Japans, sondern auch das Wahrzeichen des Landes. Er ist den Japanern heilig und aus diesem Grund errichteten sie am Rand des 600 m breiten und 150 m tiefen Kraters viele Tempel, aber auch Herbergen, Wetter- und Funkstationen.

Kamakura *(linke Seite unten)*

Im Osten der Insel Honshu lockt der Badeort Kamakura nicht nur mit mildem Klima und warmen Meeresströmungen, sondern auch mit rund 65 Tempeln, etwa 20 Schreinen – und dem großen Buddha (Abbildung). Da ihn keine Halle mehr umgibt, kann er seine eindrucksvolle Monumentalität frei entfalten. Der Hase-dera ist der bedeutendste Tempel und beherbergt eine über 9 m hohe, neunköpfige Holzskulptur.

Tokio *(oben)*

Den Abschluss der Traumstraße bildet die japanische Hauptstadt Tokio. Diese Megastadt hat sich nach den Zerstörungen durch Erdbeben und den Zweiten Weltkrieg zu einer hochmodernen Weltmetropole entwickelt, in der es nur noch wenige Zeugnisse der Vergangenheit gibt. Doch trotz ihrer Zuwendung zur westlichen Kultur, die auf der berühmten Einkaufsstraße Ginza (Abbildung) unübersehbar ist, hat die Millionenstadt immer noch asiatisches Flair. Dieses spiegelt sich insbesondere im Kaiserpalast, im Meiji-Schrein und im Asakusa-Kannon-Tempel wider.

Indonesische Impressionen

MALANG → GUNUNG WELIRANG → SOLO → YOGYAKARTA → BOROBODUR → JAKARTA → GUNUNG DEMPO → MEDAN

Eine Reise einmal längs über die beiden großen indonesischen Inseln Java und Sumatra ist abwechslungsreich und spannend, denn die Impressionen reichen von traumhaften Stränden, Vulkanen und Reisterrassen über Tempel, Paläste bis hin zum Vielvölkergemisch.

Malang *(links)*

In Malang auf Java beginnt die Traumstraße, denn diese Stadt bietet alles, was das Herz eines Reisenden begehrt: Malang wartet mit freundlicher Atmosphäre und angenehmem Klima, gut erhaltener Kolonialarchitektur und farbenfrohen Märkten, wie beispielsweise dem Vogelmarkt (Abbildung), auf. Außerdem ist sie ideal für Erkundungen des Vulkans Gunung Bromo und für Badefreuden an den herrlichen Stränden im Süden.

Gunung Welirang

(rechte Seite oben links)

Östlich von Malang liegt der Gunung Welirang, ein Vulkan, an dessen Fuße Schwefel abgebaut wird (Abbildung). Er ist 3156 m hoch und bildet mit dem Zwillingsvulkan Arjuno eine etwa 6 km lange Region aus vulkanischem Gebiet voller Kegel und Krater. Dabei überlagern diese beiden Feuerberge ältere Vulkane. Vom Gipfel des Welirang bietet sich eine fantastische Aussicht auf die Umgebung.

Solo *(oben rechts)*

Die nächste Station auf der indonesischen Traumreise ist die Sultansstadt Solo. Die Palastanlage Kraton Surakarta wurde im Jahre 1745 unter dem ersten Sultan errichtet, in der noch der heutige Sultan seinen Wohnsitz hat. Aus diesem Grunde ist auch nur ein Gebäudeteil zur Besichtigung freigegeben. Der sich im Nordwesten der Stadt befindende Kraton Mangkunegaran-Palast (Abbildung), aus edlem Teakholz erbaut, ist dagegen in seiner ganzen Pracht zu bewundern. Er beherbergt die Instrumente eines Gamelan-Orchesters aus dem 17. Jahrhundert.

Yogyakarta *(unten)*

Ein absolutes Muss auf Java ist Yogyakarta, die ehemalige Sultansstadt. Heute ist Yogyakarta die Stadt der Kunst und Kultur, der Batik und Souvenirs. Bedeutendste Sehenswürdigkeit ist neben dem Wasserschloss Taman Sari (Abbildung) und dem Vogelmarkt der Kraton. Dieser Sultanspalast bildet hinter einer 4 m hohen Mauer eine Stadt in der Stadt – mit Gassen und Wohnhäusern, Höfen und Pavillons – und ist damit ein perfektes Beispiel klassischer javanischer Hofarchitektur.

Borobodur *(oben)*

Richtung Nordwesten führt die Route nach Borobodur, zum größten buddhistischen Tempelkomplex in Südostasien. Pyramidenähnlich führen sieben Stufen mit Umgängen, die von Nischen mit Buddhafiguren eingefasst sind, nach oben zur zentralen Stupa. Das Monument wurde um 800 errichtet, aber unter den Lavamassen des Vulkans Merapi begraben und erst 1814 ausgegraben und restauriert. Nachdem er wieder zu verfallen drohte, wurde er in den 1970ern komplett auseinander genommen, restauriert und wieder zusammengesetzt.

Jakarta *(unten)*

Indonesiens Hauptstadt Jakarta ist die nächste Station auf der Strecke – eine Megastadt mit über 10 Millionen Einwohnern, die immer weiter an die Nachbarstädte heranwächst. In der Altstadt mit ihren Grachten spiegelt sich das Erbe der holländischen Kolonialzeit wider. Dagegen ist Ancol am Hafen auf Freizeit und Vergnügen ausgerichtet, während das alte Chinesenviertel Glodok leider langsam durch Neubauten zerstört wird.

Gunung Dempo *(oben)*

Auf Indonesiens zweitgrößter Insel geht es durch fruchtbare Ebenen mit Tee- und Kaffeeplantagen hinauf ins Pasemah-Hochland am Gunung Dempo. Hier faszinieren Megalithsteine und vor allem wunderbare Wasserfälle. In manchen, wie dem Lematang, kann man sogar hinter der Wassersäule baden.

Medan *(unten)*

An der Südostküste Sumatras endet diese Reise in der Provinzhauptstadt Medan. Die Zwei-Millionen-Metropole überrascht ihre Besucher mit dem Sultanspalast Maimoon, der von einem italienischen Architekten 1888 entworfen wurde. Einer der schönsten Ausflüge von Medan aus führt in den Gunung-Leuser-Nationalpark. In diesem größten Schutzgebiet Indonesiens gibt es ein Orang-Utan-Rehabilitationscenter, wo Orang Utans ausgewildert werden. Diese wunderbaren Tiere in ihrer natürlichen Umgebung erleben zu können, ist der krönende Abschluss dieser Reise.

AFRIKA

Afrika nimmt ein Fünftel der Landfläche der Erde ein und wird in der Mitte durch den Äquator geteilt, so dass sich die Klima- und Vegetationszonen fast spiegelbildlich nach Norden und Süden entwickeln, vom äquatorialen Regenwald aus über die verschiedenen Savannenformen bis zu den Wüstengebieten des nördlichen und südlichen Afrika. Der Kontinent gilt als Wiege der Menschheit, denn hier wurden die ältesten Zeugnisse der menschlichen Zivilisation gefunden. Afrikas Traumstraßen führen nicht nur quer durch die lebensfeindlichen Wüsten Sahara und Namib, sondern auch in eine faszinierende Tierwelt, die teilweise vom Aussterben bedroht war oder immer noch ist und nur durch große Anstrengungen im Tier- und Naturschutz gerettet werden kann. Während in Ägypten die Zeugnisse der Pharaonen bewundert werden können, repräsentieren die Weinbaugebiete Südafrikas die Annehmlichkeiten unserer Zeit.

Zu Marokkos Königsstädten

TANGER → FES → MEKNES → RABAT → EL-JADIDA → SAFI → MARRAKESCH → AIT BEN HADDOU → OUARZAZATE

Eine Reise zu Marokkos wunderschönen Königsstädten vereint nicht nur islamische und berberische Kultur mit europäischer, sondern bietet fantastische Landschaften von Küste und Stränden über Wüste und Oasen bis zu unterschiedlichen Gebirgen.

Tanger *(linke Seite)*

Die Reise auf dieser Traumstraße beginnt in der Hafenstadt Tanger, die alle Sinne des Besuchers beansprucht. Das quirlige Leben in der Medina, der von Mauern umgebenen Altstadt, mit ihren engen Gassen, den bunten Waren und den lauten, aufdringlichen Händlern ist ein echter Kulturschock, wenn man gerade aus Europa angekommen ist. Beruhigend dagegen der beeindruckende Blick über die Stadt von der hochgelegenen Kasbah mit ihren Festungsanlagen und Palastbauten.

Fès *(unten)*

Durch das Rifgebirge an der Mittelmeerküste führt die Strecke nach Fès, der ältesten Königsstadt, an den Ausläufern des Mittleren Atlas. Die Millionenstadt ist kulturelles und religiöses Zentrum Marokkos und hat mit Fès el Bali eine der am besten erhaltenen islamischen Städte des Mittelalters. Neben den zahlreichen berühmten Bauwerken ist das Gerberviertel eine der interessantesten Sehenswürdigkeiten: Die harte Arbeit des Gerbens und Färbens ist laut, bunt und stinkt und hinterlässt damit nachhaltige Eindrücke.

Meknes *(oben)*

Durch die zentrale Hochebene des Mittleren Atlas geht es nach Meknes. Die 550 m hoch gelegene Stadt ist eine der vier alten Königsstädte. Im Unterschied zu den anderen besteht die Altstadt jedoch aus drei örtlich und entstehungsgeschichtlich klar abgegrenzten Bereichen: der Medina mit den Stadttoren – das berühmteste ist das 1732 vollendete Bab-el-Mansour (Abbildung) – und dem Mansourpalast sowie der Alten und der Neuen Mellah. Dies geht auf Moulay Ismail zurück, der sich hier Ende des 17. Jahrhunderts mit der Ville Imperial eine neue repräsentative Residenz schaffen wollte.

Rabat *(oben)*

An der Nordwestküste entlang geht es nach Rabat. Die marokkanische Hauptstadt an der Mündung des Bou Regreg in den Atlantik gehört zu den vier Königsstädten und besitzt neue Boulevards und elegante Villenviertel. Besonders schön ist jedoch die Altstadt mit dem berühmten Tor zur Oudaia-Kasbah (Abbildung) und jenem zur Chellah, einer von Lehmmauern geschützten Nekropole.

El-Jadida *(Mitte)*

Das Seebad El-Jadida war 200 Jahre lang im Besitz der Portugiesen und besitzt aus dieser Zeit noch die Cité Portugaise, die früher als Schutz vor Angriffen komplett von Wasser umgeben war. Hauptsehenswürdigkeit ist die Zisterne (Abbildung). Der große, fast quadratische Raum wird von einem Kreuzrippengewölbe überdeckt, das von 13 Pfeiler getragen wird. Vermutlich gerade weil alles sehr schlicht gehalten ist, wirkt es besonders ästhetisch, geradezu mystisch, wenn das Tageslicht durch eine runde Öffnung über dem Brunnen die Wasserfläche beleuchtet.

Safi *(linke Seite unten links)*

In der Fischerei- und Industriestadt Safi verzaubern zwei ganz unterschiedliche Sehenswürdigkeiten die Besucher: Außerhalb der Stadtmauer liegt direkt am Meer und oberhalb der Klippen die Festung Dar el Bahr, ein Relikt aus portugiesischer Zeit. Direkt an die Medina mit der schönen Chapelle Portugaise grenzt nördlich das Töpferviertel an (Abbildung). Hier kann man nicht nur der Entstehung von Tontöpfen zuschauen, sondern sie auch kaufen.

Marrakesch *(linke Seite unten rechts)*

Am Fuße des Hohen Atlas liegt die Königsstadt Marrakesch, deren Besuch ein Muss ist. Ihre Medina wird von einer 12 km langen Mauer umgeben, die zahlreiche fantastische Sehenswürdigkeiten schützen, darunter die Moschee und die Medersa Ben Youssouf, die Koubba Barudiyn, mehrere Paläste, die Koutoubia-Moschee und – den Djemna el-Fna (Abbildung). Um das einzigartige Flair dieses Platzes zu genießen, sollte man ihn abends besuchen, wenn Schlangenbeschwörer, Gaukler und Märchenerzähler ihn beleben.

Ait Ben Haddou *(oben)*

Richtung Südosten windet sich die Strecke durch den Hohen Atlas und über den 2260 m hoch gelegenen Tizi n'Tichka-Pass wieder hinab nach Ait Ben Haddou. Das Dorf liegt 1300 m hoch und wird normalerweise das ganze Jahr über durch den Fluss Assif Mellah mit Wasser versorgt. Der Anblick der Wohnburgen aus Lehm, die sich farblich fantastisch in die Landschaft einfügen, ist atemberaubend.

Ouarzazate *(unten)*

Nur gut 35 km weiter nach Süden erreicht diese Traumstraße Ouarzazate. Die Oasenstadt, die vor allem vom Stausee El Mansour Eddahbi lebt, ist ein Verkehrsknotenpunkt und wächst rasant. Anziehungspunkt ist die Kasbah Taourirt (Abbildung). Anfang des 20. Jahrhunderts wurde die Residenz des Berberherrschers El Glaoui aus gestampftem Lehm errichtet. Eine Mauer umgibt zahlreiche Gebäude, deren Verzierungen anzusehen ist dass es sich bei der Kasbah nicht um einen reinen Festungsbau handelte.

Quer durch die Sahara

BAMAKO → MOPTI → TIMBUKTU → NIAMEY → AGADEZ → HOGGAR-TASSILI → IN SALAH → GHARDAIA

Diese Traumstraße führt zunächst in Mali entlang des Nigers und dann durch Niger und Algerien, immer durch die Sahara. Als größte Wüste der Erde bietet sie nicht nur unterschiedliche Landschaften, deren Schönheiten und Härten, sondern auch Abenteuer und Gefahren.

Bamako *(linke Seite)*

Diese Traumstraße beginnt in Bamako, der Hauptstadt von Mali. Als Wirtschaftszentrum und Verkehrsknotenpunkt bietet sie Gelegenheit, sich mit allem Notwendigen für die anstrengende Saharareise zu versorgen, etwa auf dem lebhaften und farbenfrohen Markt, dem Marché rose (Abbildung). Das Zentrum des Kunsthandwerks und das Nationalmuseum zeigen Wissenswertes über das Land und seine Volksgruppen, während der botanische Garten und der Zoo vor Leben nur so strotzen.

Mopti *(oben)*

Dem Flusslauf des Nigers nach Nordosten folgend passiert die Route Djenné mit seiner traumhaften Lehmmoschee (Abbildung) und erreicht Mopti. Neben den schönen Lehmbauten fasziniert die Stadt vor allem mit ihrem Hafen. Er ist der größte des Landes, indem immer etwas los ist. Bei Sonnenuntergang in Ruhe auf einer Terrasse zu sitzen und das Treiben auf den Booten und an den Kais zu beobachten, gehört zu den nachhaltigsten Erlebnissen in Mali.

Timbuktu *(unten)*

Durch das Binnendelta des Niger ist es zwar nur eine kurze Strecke bis nach Timbuktu, aber eine mit Tücken. Denn es sind viele Flussarme per Fähren zu überqueren, die bei einem sehr hohen oder äußerst niedrigem Wasserstand nicht fahren, und häufig defekt sind. Am Nordwestrand der Stadt kann man mit etwas Glück eine Salzkarawane antreffen, mit Sicherheit aber auf die Hängenden Gärten, die hier mit viel Mühe gepflegt werden. Timbuktu selbst bezaubert mit seinem historischen Zentrum in Lehmbauweise und den zahlreichen Moscheen, wie der Mezquita Djinger-ber (Abbildung), erbaut unter König Kankan Moussa im 14. Jahrhundert.

Niamey *(oben)*

Richtung Südosten weiterhin dem Niger folgend überquert die Route die Grenze zu Niger und erreicht die Hauptstadt Niamey. Die wichtigste Sehenswürdigkeit der Stadt ist das Nationalmuseum, indem u.a. gezeigt wird, wie die unterschiedlichen Völker des Staates leben. Als Handelszentrum und Verkehrsknotenpunkt ist Niamey von großer Bedeutung für das Land und bietet dem Reisenden gute Hotels zum Ausspannen.

Agadez *(unten)*

Die Traumstraße verabschiedet sich nun von den Wassern des Nigers und führt nordöstlich durch die Sahelzone nach Agadez. Als Treffpunkt der Karawanen war die Stadt von alters her bedeutend. Heute beweisen die zahlreichen Märkte, auf denen von Schmuck bis zu Kamelen fast alles verkauft wird, wie wichtig der Handel immer noch ist. Das Wahrzeichen von Agadez, das Lehmminarett der Moschee (Abbildung), ziert manchen Sahara-Reiseführer.

Hoggar-Tassili *(rechte Seite oben)*

Von Agadez führt die Traumstraße nun immer gen Norden über Tamanrasset Richtung In Salah. Zunächst wird das Hoggar-Tassili durchquert, ein Sandsteinplateau, das mit seinen Felssäulen fantastische Ansichten bietet. Dann geht es weiter durch das eigentliche Hoggar-Gebirge (Abbildung), das sich in der Sahara in eine Höhe von fast 3000 m erstreckt. In dieser Region leben immer noch die Ahaggar, die zu den Tuaregs gehören.

In Salah *(rechte Seite Mitte)*

Nächste Station ist die Oasenstadt In Salah. Wer die Sahara von ihrer härtesten Seite kennen lernen möchte, ist hier richtig: Mit 56 °C im Schatten ist es die heißeste algerische Stadt. Während des Frühjahrs ist In Salah tagsüber häufig von zumeist von Osten kommenden Sandwinden oder -stürmen betroffen. Viele Häuser werden in dieser Zeit aufgegeben und versanden mit der Zeit.

Ghardaia *(rechte Seite unten)*

Der Rest der Strecke zieht sich zunächst durch die Hammada, eine mit Gesteinsschutt bedeckte Wüstenebene. Welche Freude für das Auge, erst die Oase El Menia zu erreichen und dann nach vielen Kilometern Sandwüste des Erg die Stadt Ghardaia! Groß, modern und freundlich bildet diese Stadt mit ihren ockerfarben, weiß und hellblau gestrichenen Häusern, die sich sanft den Hang zur Moschee hochziehen, einen gelungenen Abschluss dieser imposanten, aber auch anstrengenden Traumstraße.

Von der Wüste an den Strand

DOUZ → MATMATA → GABES → MAHDIA → MONASTIR → SOUSSE → HAMMAMET → TUNIS

Diese Traumstraße führt zu Tunesiens Schönheiten und vereint dabei Gegensätzliches: Wüste und Strand, Medina und Moderne.

Douz *(linke Seite)*

Diese Traumreise beginnt mitten in der Wüste bzw. in einer Oase: Douz am östlichen Rand des Schott el-Djerid. Die goldgelben Sanddünen des Großen Östlichen Ergs sind so eindrucksvoll, dass sie viele Besucher anziehen. Den Eindruck vertiefen kann man im Musée du Sahara, das über das Leben in der Region informiert. Unverzichtbarer Bestandteil dabei sind die Dromedare.

Matmata *(oben)*

Die Route führt nach Osten in das Bergland des Dahar. In dieser unwirtlichen, gebirgigen Einsamkeit befindet sich eine Attraktion, die bereits die antiken Römer besuchten und die George Lucas im Krieg der Sterne als Kulisse diente: die Trichterhäuser von Matmata. Die Berber gruben einen Raum in die Erde, der als Innenhof diente und von dem die übrigen Zimmer unterirdisch abgehen. Diese Wohnungen ließen sich gut verteidigen und haben ein so angenehmes Klima, dass immer noch einige bewohnt sind.

Gabès *(unten)*

Nur ein Stück weiter Richtung Nordosten erreicht die Route Gabès. Diese Stadt bezaubert durch ihre Lage: Sie liegt direkt am Mittelmeer sowie an den Ausläufern der Sahara – und in einer Oase aus etwa 300 000 Dattelpalmen und kleinen Kanälen. Berühmt ist Gabès vor allem für seinen Markt von Jara. Hier wird neben Gewürzen, Datteln und Korbwaren vor allem Henna verkauft.

Mahdia *(unten links)*

Die alte Stadt Mahdia, malerisch auf einem Felssporn gelegen, erfreut sich bei den Touristen zunehmender Beliebtheit. Kein Wunder, bietet sie doch neben Badefreuden an den Sandstränden im Norden auch eine überaus sehenswerte Altstadt. Durch die Mauer der Medina führt das Skifa el-Kahla als einziges Stadttor in die Welt der Händler und Handwerker. Neben Souvenirshops gibt es immer noch die kleinen Seidenwebereien.

Monastir *(oben)*

Nur ein Stückchen die Ostküste Tunesiens hoch liegt Monastir, die Geburtsstadt von Habib Bourguiba. Dieser Tatsache verdankt Monastir, dass sie zwar eine der ältesten Städte des Landes ist, ihr das aber kaum anzusehen ist. Denn als der Verfechter von Freiheit und Modernität Präsident war, unterstützte er „seine" Stadt mit monumentalen Prachtbauten wie dem Bourguiba-Mausoleum (Abbildung) – auf Kosten der Medina. Von ihr ist noch die wunderschöne Festung Ribat erhalten.

Sousse *(unten rechts)*

Sousse wurde bereits im 9. Jahrhundert v. Chr. gegründet und unter den Römern als Hadrumentum zur Kolonie. Heute ist es eine lebendige Handelsstadt und Zentrum der Touristenregion am Golf von Hammamet. Die Medina gehört zum Weltkulturerbe und beherbergt hinter ihren Mauern noch Zeugnisse des frühen Islam wie die Klosterburg von 787, den Wachturm Nador von 821 und die Große Moschee (Abbildung) von 851.

Hammamet *(oben)*

Der Golf von Hammamet zwischen Sousse und Hammamet ist eines der beliebtesten und meistbesuchten Touristengebiete in Tunesien. Der Grund sind nicht die kulturellen Sehenswürdigkeiten in den Städten, sondern die wunderbaren, sanft ins Mittelmeer abfallenden Strände und die auch im Winter angenehmen Temperaturen. Dazu noch ein Schuss Exotik des Orients – fertig ist der perfekte Badeurlaub.

Tunis *(unten)*

Nach der Erholung am Strand bietet Tunis zum Abschluss der Traumstraße Großstadtleben pur. Die tunesische Hauptstadt wird auch „das afrikanische Paris" genannt: Auf der Avenue Bourguiba, dem Herz des modernen Tunis mit seinen vielen Jugendstilhäusern, ist Tag und Nacht etwas los. Die Zitouna-Moschee bildet das Zentrum – sowohl in örtlicher als auch religiöser Hinsicht. In direkter Nachbarschaft liegen mehrere Klosterschulen an denen sich die lebhaften Souks anschließen.

Mit den Pharaonen am Nil entlang

ABU SIMBEL → ASSUAN → KOM OMBO → LUXOR → DENDERA → ASSIUT → SAKKARA → GISEH → KAIRO

Diese Traumstraße ist eine Reise in die Vergangenheit zu einer der bemerkenswertesten Kulturen, die auf unserem Planeten gelebt hat und deren grandiose Hinterlassenschaften uns immer noch Rätsel aufgeben.

Abu Simbel *(oben)*

Die Reise beginnt im Süden Ägyptens kurz vor der sudanischen Grenze mit einem gigantischen Anblick: Vier 20 m hohe Kolossalstatuen Ramses II. an der Fassade flankieren den Eingang des Tempels von Abu Simbel. Kaum vorstellbar, dass er sich bis 1964 weiter talwärts befand. In fünfjähriger Arbeit wurde die ganze Tempelanlage in riesige Quader zersägt und 180 m höher an ihrem heutigen Platz wieder aufgebaut, um sie vor den Wassermassen des Nasserstausees zu retten.

Assuan *(unten)*

Gute 200 km weiter nördlich liegt Assuan, die südlichste Großstadt Ägyptens. Ihre Lage unterhalb des ersten Katarakts am Nil, jener berühmten Stromschnellen aus Granit, machte sie seit jeher zu einem beliebten Erholungsort der Reichen, die sich mit der Kutsche spazieren fahren ließen oder mit der Feluke zur Insel Elephantine (Abbildung) übersetzten. Die Insel soll die Wiege Assuans sein und beherbergt das Nilometer. An diesem marmornen Messgerät kann man seit 3000 Jahren den Wasserstand des Nils ablesen.

Kom Ombo *(oben)*

Nur ein paar Kilometer weiter Richtung Norden liegt auf einer Anhöhe am Ostufer des Nils der Tempel von Kom Ombo. Dieser Tempel hebt sich von den übrigen in Ägypten ab, weil er zwei Gottheiten gleichberechtigt gewidmet ist: Sobek, dem Krokodilgott, und Haroëris, als Falke oder geflügelte Sonnenscheibe dargestellt. Um beide gleichermaßen zu ehren, ist alles doppelt vorhanden, darunter die Türeingänge und die Säulensäle.

Luxor *(unten)*

Luxor mit seinen zahlreichen fantastischen Sehenswürdigkeiten ist ein Höhepunkt dieser Traumstraße. Als Theben war es zusammen mit dem benachbarten Karnak eine blühende Stadt. Das bezeugen der Luxor-Tempel (Abbildung) mit seinem großen Obelisken, dessen Pendant in Paris auf dem Place de la Concorde steht, oder der gewaltige Amun-Tempel. Auf der Westseite des Nils, im Tal der Könige, der Nekropole Thebens, liegen die Gräber der Pharaonen.

Dendera *(oben)*

Flussabwärts gen Norden liegt Dendera mit seinem berühmten ptolemäischen Hathor-Tempel. Er stammt aus dem 1. Jahrhundert v. Chr. und hinterlässt einen sehr nachhaltigen Eindruck, weil er zu den besterhaltenen Tempelanlagen Ägyptens zählt. Die Wände sind mit wunderbaren Reliefs geschmückt und im dunklen Allerheiligsten wird die Mystik dieser untergegangenen Welt besonders bewusst.

Assiut *(Mitte)*

Bei Assiut führt die Traumstraße über einen 833 m langen Nilstaudamm. Das historische Assiut, begraben unter der modernen Stadt auf der Westseite des Nils, war zur Zeit der Pharaonen als Verkehrsknotenpunkt eine wichtige und vielfach umkämpfte Stadt. Großes archäologisches Interesse weckt die in das angrenzende Wüstengebirge gehauene Nekropole von Assiut mit ihren über 1000 Gräbern. Zahlreiche kostbare Beigaben künden trotz Grabräubern noch heute von ihrer teils prunkvollen Ausgestaltung, wie die kleinen, farbig gefassten Holzsoldaten (Abbildung) aus dem Grab des Mesheti, die sich heute im Ägyptischen Museum in Kairo befinden.

Sakkara *(unten)*

Kurz vor Kairo befindet sich mit Sakkara auf der Ostseite des Nils die größte Nekropole Ägyptens mit hunderten von Grabmälern und Monumenten. Die meisten stammen aus der Zeit des Alten Reichs, dessen Hauptstadt Memphis ganz in der Nähe lag. Die Stufenpyramide des Pharao Djoser (Abbildung) gilt als älteste Pyramide Ägyptens. Der Architekt Imhotep setzte sechs immer kleiner werdende gewöhnliche ägyptische Grabmale, Mastabas, aufeinander und schuf so die Pyramide als Grabmal.

Giseh (oben)

Nur ein kleines Stück nördlicher, direkt gegenüber von Kairo, liegt die Millionenstadt Giseh mit den Pyramiden der Pharaonen Cheops, Chephren und Mykerinos und der ältesten erhaltenen ägyptischen Sphinx. Die Pyramiden sind eines der sieben Weltwunder der Antike und heute immer noch genauso beeindruckend wie damals. Die Schlichtheit der Form, die Präzision der Ausführung und die Monumentalität gehen hier eine sich gegenseitig befruchtende, grandiose Verbindung ein.

Kairo (unten)

Als größte Stadt Afrikas ist die Metropole Kairo mit ihren rund 10 Millionen Einwohnern ein Moloch, der Europäern schnell den Schweiß auf die Stirn treibt. Trotzdem: Im Ägyptischen Museum wird man sämtliche Strapazen schnell vergessen und auch die faszinierende Altstadt bietet mit den Moscheen Ibn-Tulun, Azhar und Sultan-Hasan als Höhepunkte ein außergewöhnliches Ensemble islamischer Baukunst, das seinesgleichen sucht. Wer nachts auf der Geschäftsstraße Kasr-el-Nil flaniert, spürt das Vibrieren dieser Megastadt am eigenen Leib – ein intensiver Abschluss dieser Traumstraße.

Safari im Garten Eden

VICTORIASEE → SERENGETI NATIONAL PARK → NGORONGORESERVAT → LAKE MANYARA NATIONAL PARK → KILIMANDSCHARO → DARESSALAM → MOMBASA → TSAVO NATIONAL PARK → AMBOSELI NATIONAL PARK

Wilde Tiere und fantastische Landschaften reihen sich in diesem Gebiet östlich des Victoriasees aneinander und scheinen sich gegenseitig mit unauslöschlichen Eindrücken übertrumpfen zu wollen.

Victoriasee *(linke Seite)*

Diese Traumstraße beginnt in Tansania gleich mit einem Superlativ: Der Victoriasee ist der größte See Afrikas und der drittgrößte der Erde. Seine Fläche ist fast so groß wie Schottland und verteilt sich zu etwa vier Zehntel auf Uganda, ein Zehntel auf Kenia und die Hälfte gehört zu Tansania. Beliebte Hafenstädte für eine Reise entlang des Seeufers sind Bukoba, Mwanza und Musoma.

Serengeti National Park *(oben)*

„Serengeti darf nicht sterben." Mit dieser Mahnung machte der deutsche Zoologe Prof. Bernhard Grzimek die Serengeti zur wohl bekanntesten Landschaft Afrikas. Die endlose Ebene – so die deutsche Übersetzung des Massai-Wortes „siringitu" – erregte Aufmerksamkeit durch die Wanderung riesiger Tierherden: Eine Millionen Gnus und 200 000 Zebras wandern jedes Jahr von den nördlichen Hügeln zu den südlichen Ebenen und wieder zurück, über viele hundert Kilometer und durch unterschiedlichste Landschaften.

Ngorongoreservat *(Mitte)*

Auch das südlich an den Serengeti National Park anschließende Ngorongoreservat gehört ebenso zur Serengeti wie das nördlich gelegene Masai-Mara-Reservat. Zusammen bilden sie eines der größten Schutzgebiete für Wildtiere. Nur so sind die Tiere auf ihrer Wanderung geschützt. Der Ngorongokrater ist mit 22 km Durchmesser einer der größten Vulkankrater der Welt. Sein Boden liegt 1750 m über dem Meeresspiegel, ist bewachsen und dicht mit Tieren bevölkert, während die Wände 600 m hoch aufragen.

Lake Manyara National Park *(unten)*

Weiter südlich führt die Route zum Manyara-See, der mit dem umliegenden Wald ein Schutzgebiet bildet. An den vielen Bächen und am See leben nicht nur zahlreiche Vogelarten – wie z. B. die Möwe –, sondern auch Flusspferde. Sie finden im üppigen Grün reichlich zu fressen, benötigen sie doch 50 t Pflanzen täglich bzw. nächtlich – sie weiden nachts. Bekannt gemacht haben den Park jedoch die Baumlöwen, Löwen die in den Bäumen liegen. Dieses eher untypische Verhalten zeigen hier auch Leoparden und Paviane.

Kilimandscharo *(oben)*

Richtung Osten geht es nah an die kenianische Grenze zum Kilimandscharo. Schon sein Anblick mit der weißen Schneekuppe ist atemberaubend, der absolute Höhepunkt dieser Route ist jedoch die Besteigung des Gipfels. Der Kilimandscharo ist nicht nur der höchste Berg Afrikas, sondern auch der höchste frei stehende Berg der Welt.

Daressalam *(unten)*

Richtung Südosten führt die Route nach Daressalam. Die Metropole am Indischen Ozean ist das kulturelle und wirtschaftliche Zentrum Tansanias mit dem bedeutendsten ostafrikanischen Tiefseehafen nach Mombasa. In Stadtnähe gibt es einige schöne Strände und die Gewürzinsel Sansibar ist nur 36 km vom Festland entfernt. Rund um die Insel wird Seegras abgebaut (Abbildung) und zur Kosmetik- und Arzneiproduktion exportiert.

Mombasa *(rechte Seite oben)*

Richtung Norden entlang der Küste überquert die Route die Grenze zu Kenia und führt nach Mombasa. Diese alte Stadt hat sehr viel mehr zu bieten als den Anblick der beiden überdimensionalen Stoßzähne über der Moi Avenue. Es gibt eine malerische Altstadt, deren Mittelpunkt das 1596 von den Portugiesen errichtete Fort Jesus ist. Nicht weit entfernt befinden sich die Mandhry-Moschee und der alte Dhau-Hafen.

Tsavo National Park *(Mitte)*

Die Route führt nun nach Nordwesten in Kenias Inland durch den Tsavo National Park. Der größte National Park Kenias und einer der größten der Welt wird durch die Straße von Mombasa nach Nairobi in einen West- und einen Ostteil geteilt. In der atemberaubenden Landschaft lebt eine Vielzahl von Giraffen, Büffeln, Löwen und anderen Wildtieren. Bekannt sind vor allem die „roten Elefanten", deren Haut mit dem rötlichen Staub des Tsavo bedeckt ist.

Amboseli National Park *(unten)*

Die Traumstraße endet fulminant weiter westlich im Amboseli: Der Anblick wilder Tiere in der flachen Savanne unter blauem Himmel mit dem schneebedeckten Kilimandscharo im Hintergrund ist einfach umwerfend. Besonders viele Tiere leben in der Nähe des Ortes Ol Tukai, denn in diesem Gebiet gibt es einige Sümpfe, Seen und Bäume, die den Tieren Nahrung bieten. Wer Glück hat, sieht gar eine große Elefantenherde.

Durch die Weite der Wildnis

GREAT ZIMBABWE → KRÜGER NATIONAL PARK → BLYDE RIVER CANYON → PRETORIA → CENTRAL KALAHARI GAME RESERVE → MAKGADIKGADI SALZPFANNE → HWANGE NATIONAL PARK → KARIBASEE

Diese Traumstraße führt durch Simbabwe, Südafrika und Botswana und durch fantastische Landschaften zu bedrohten Völkern und wilden Tieren mitten hinein in die kostbare Vielfalt der Natur.

Great Zimbabwe *(oben)*

Die Traumstraße beginnt in der Vergangenheit schwarzafrikanischer Völker mit den Ruinen von Great Zimbabwe südöstlich von Masvongo (Abbildung): Auf rund 40 Hektar erstrecken sich die Reste von über hundert Bauwerken, darunter Häuser, Türme, Schutzmauern und wohl auch ein Tempel und ein Palast. Dieses ehemalige Zentrum des Shonareichs ist nach den Pyramiden das größte historische Steinbauwerk Afrikas und gab dem Staat Simbabwe nach der Unabhängigkeit seinen Namen: Häuser aus Stein heißt auf Shona „dzimba dza mabwe".

Krüger National Park

(rechte Seite oben)

Nach Süden führt die Strecke über die Grenze nach Südafrika in den Krüger National Park. Auf einer Länge von 320 km entlang der Grenze zu Mosambik bietet er als eines der ältesten Naturschutzgebiete Afrikas grandiose Erlebnisse von Wildtieren in freier Natur. Der Park ist berühmt für seine große Artenvielfalt: Hier soll es 147 Säugetier-, über 100 Reptilien- und mehr als 500 Vogelarten geben sowie gut 300 Baumarten.

Blyde River Canyon *(unten)*

Weiter gen Süden erreicht die Route eines der atemberaubendsten Panoramen, die Afrika zu bieten hat: den Blyde River Canyon. Der Fluss Blyde hat hier über Jahrmillionen eine tiefe Schlucht in den Fels gegraben. Sie ist 26 km lang und 350–800 m tief, an ihrem Grund wurden menschliche Überreste aus der Steinzeit gefunden. Eine besonders schöne Aussicht bieten die Three Rondavels – drei Berge, die wie riesige traditionelle Rundhütten aussehen.

Pretoria *(oben links)*

Die Strecke führt weiter in Richtung Pretoria zu den nordöstlich der südafrikanischen Hauptstadt gelegenen Dörfern der Ndebele (Abbildung). Diese afrikanische Volksgruppe gehört zu den Bantuvölkern und wurde bei der Einwanderung der Buren aufs grausamste verdrängt, vernichtet oder zur Farmarbeit gezwungen. Die Ndebele sind bekannt für ihre farbenfrohen Dekorationen, die sich nicht nur auf Kleidung und Schmuck beschränken, sondern auch Häuser und Möbel einbeziehen.

Central Kalahari Game Reserve

(oben rechts)

Der Streckenverlauf führt nun über die Grenze in den Nordosten Botswanas in das Central Kalahari Game Reserve, das zweitgrößte Naturschutzgebiet der Welt. Seine Graslandschaften, Buschsavannen, Salzpfannen, Sanddünen und lichten Mopanewälder wurden 1961 zur Sicherung der Jagdgründe der San, der hiesigen Buschmänner, unter Schutz gestellt und waren 30 Jahre lang für den Individualtourismus gesperrt.

Makgadikgadi Salzpfanne

(unten)

Weiter geht es in das Makgadikgadi-Gebiet mit seinen zahlreichen Salzpfannen. Diese weltweit einzigartige Landschaft ist ungefähr so groß wie Belgien und durch das Austrocknen des Makgadikgadi-Ursees entstanden. Zurück blieb eine steppenartige, salzige Fläche, die nach Regenfällen zu spektakulärem Leben erwacht: Wenige Zentimeter Wasser reichen aus, um Algen und Schalentiere „aufzuwecken" und Millionen von rosafarbenen Flamingos als Nahrungsquelle zu dienen (Abbildung).

Hwange National Park *(oben)*

Gleich noch einmal überquert die Route eine Grenze, diesmal jene zwischen Botswana und Zimbabwe, um den Hwange National Park zu erreichen. Savanne und ein großer Tierbestand kennzeichnen dieses Schutzgebiet. Vor allem während der Trockenzeit zwischen Juni und Dezember, wenn sich die Tiere an den Wasserlöchern sammeln, lassen sich Elefanten, Giraffen und Huftiere wunderbar beobachten.

Karibasee *(unten)*

Weiter nördlich setzt der Karibasee den fulminanten Schlusspunkt dieser Traumstraße. Er liegt genau auf der Grenze zwischen Sambia und Simbabwe und wird durch den Karibadamm (Abbildung) gestaut. Als einer der größten vom Menschen geschaffenen Seen – er erstreckt sich über 270 km – dient er nicht nur einer großen Zahl von Wildtieren als Lebensraum, sondern auch den wohlhabenderen Bürgern beider Länder als Erholungsgebiet.

Zu den Naturwundern in Afrikas Süden

SWAKOPMUND → SOSSUSVLEI → SCHLOSS DUWISIB → WINDHUK → ETOSHA NATIONAL PARK → OKAVANGOBECKEN → CHOBE NATIONAL PARK → KASANE

Die Naturwunder in Botswana und Namibia umfassen nicht nur wilde Tiere, sondern auch fantastische Landschaften und Städte.

Sossusvlei *(oben)*

Bereits wenige Kilometer südlich von Swakopmund beginnt der Namib Naukluft National Park, der sich über 50 000 km² in Namibias Westen erstreckt. In diesem riesigen Gebiet mit seinen unterschiedlichen Landschaften leben u. a. Bergzebras, Spießböcke, Springböcke, Strauße, Kudus, Klippspringer und Geparde. Neben dem Feuchtgebiet an der Sandwich-Bucht und den Naukluft-Bergen umfasst der Nationalpark auch die bekannten Dünenlandschaften Sossusvlei (Abbildung) und Sesriem Canyon.

Schloss Duwisib *(Mitte)*

Eine der Kuriositäten aus der Kolonialzeit ist Schloss Duwisib, das sich 1908 Baron Hans Heinrich von Wolff als kleines Kastell von dem deutschen Architekten Wilhelm Sander am Rande der Namib errichten ließ. Da es aus den rotbraunen Steinen der Region gebaut wurde, fügt es sich wunderbar in die Umgebung ein.

Windhuk *(unten)*

Richtung Norden erreicht die Traumstraße die namibische Hauptstadt Windhuk, deren Wahrzeichen die Christuskirche (Abbildung) ist. Mit ihren rund 200 000 Einwohnern gehört Windhuk zu den kleineren Hauptstädten der Welt. Durch ihre Lage 1650 m über dem Meeresspiegel in einem Hochtal umgeben von den Eros-, der Auas- und den Khomas-Bergen wirkt sie noch kleiner, aber auch gerade deshalb so sympathisch. Neue Vororte können nicht mehr im Haupttal, sondern nur in den Nebentälern gebaut werden.

Swakopmund *(linke Seite)*

Die Traumstraße beginnt beschaulich in Swakopmund. Der Hafenort wurde 1892 an der Mündung des meist trockenen Swakop gegründet und war bis 1914 der wichtigste Hafen für die deutsche Kolonialmacht. Aus dieser Zeit hat sich ein sehr geschlossenes gründerzeitliches Stadtbild erhalten (Abbildung), das nicht nur Europäer lieben: Im Sommer zieht das Seebad tausende Namibier an, die der Hitze des Inlands entfliehen wollen.

Etosha National Park *(oben)*

Von Windhuk geht es nach Norden über Grootfontein und Tsumep in den Etosha National Park. Er gehört zu den ältesten und eindrucksvollsten Schutzgebieten des südlichen Afrikas. Sein Tierreichtum – 114 Säugetierarten! – bietet während der Trockenzeit die Chance, an den wenigen Wasserstellen Löwen, Elefanten, Leoparden, Zebras, Nashörner und vieles mehr zu sehen. Während der Regenzeit verteilen sich die Tiere im ganzen Park, dafür finden sich in manchen Jahren in der wassergefüllten Etoshapfanne Millionen von Flamingos ein.

Okavangobecken *(unten)*

Die Traumstraße überquert die Grenze nach Botswana und führt ins rund 17 000 km² große Okavangobecken mit seinen ausgedehnten Sümpfen. Hier verzweigt sich der von Angola aus kommende Okavango zu einem breiten Delta. Besonders abenteuerlich ist eine Fahrt im Einbaum auf den flachen Kanälen – ein ungewöhnlicher Weg, um Wildtiere aus der Nähe zu beobachten. Im Moremi-Wildreservat, im östlichen Teil des Okavangodeltas, stehen Fauna und Flora unter Schutz.

Chobe National Park *(oben)*

Richtung Nordosten schließt sich an das Moremi-Wildreservat der Südwestzipfel des Chobe National Park an, so dass die Wildtiere sicher über die Grenze von einem Schutzgebiet ins andere wandern können. Während der Südwesten des Parks noch von der Kalahari mit ihren Dünen und ihrer trockenen Strauchvegetation bestimmt wird, dominieren in der Mitte Baumsavannen und Pfannen die Landschaft (Abbildung). In diesen flachen Senken hält sich das Wasser sehr lange und lockt große Büffel- und Elefantenherden an.

Kasane *(unten)*

Letzte Station der Route ist Kasane, der Grenzort im Dreiländereck von Botswana, Sambia und Simbabwe. Von hier ist es nicht weit zum grandiosen Abschluss dieser Traumstraße: die Victoriafälle. Der Sambesi ist 1700 m breit, bevor er in eine 110 m tiefe, aber nur 50 m breite Schlucht stürzt – überall scheint brodelndes Wasser und weiße Gischt zu sein – ein wahrlich atemberaubender Anblick.

Garden-Route

ADDO ELEPHANT NATIONAL PARK → PORT ELIZABETH → TSITSIKAMMA NATIONAL PARK → WILDERNESS NATIONAL PARK → SWELLENDAMM → FRANSCHHOEK → KAP DER GUTEN HOFFNUNG → KAPSTADT

Grün und fruchtbar, mit schönen Stränden und interessanten Nationalparks präsentiert sich die Garden-Route an der südlichen Küste Südafrikas.

Addo Elephant National Park

(links)

Wer an Südafrika denkt, denkt immer auch an wilde Tiere. Und so beginnt diese Traumstraße mit den größten und schwersten Landsäugetieren der Welt, mit den Elefanten. Von den einstmals großen Herden in der östlichen Kapprovinz waren nur wenige Tiere übrig geblieben, weil ihr kostbares Elfenbein gutes Geld brachte. Inzwischen sind sie unter Schutz gestellt und im Addo Elephant National Park nördlich von Port Elizabeth kann man die sanften Riesen Auge in Auge erleben.

Port Elizabeth *(rechte Seite oben)*

Nach rund 70 km in Richtung Süden erreicht die Strecke Port Elizabeth, eine britische Gründung vom Anfang des 19. Jahrhunderts (Abbildung). Bis heute spiegelt sich im Stadtkern der viktorianische Charme der Gründerzeit, obwohl sich Port Elizabeth zur Großstadt und zu einem wichtigen kulturellen, wirtschaftlichen und industriellen Zentrum Südafrikas entwickelt hat. Die Hafenstadt liegt direkt am Indischen Ozean und besitzt einige wunderschöne Strände.

Tsitsikamma National Park

(unten links)

An der Küste entlang Richtung Westen geht es zum Tsitsikamma National Park. Der Name – „tsitsikamma" bedeutet sprudelndes Wasser – ist Programm: Das Schutzgebiet zieht sich über 65 km Küste und erstreckt sich 5 km ins Meer hinein. Auch vom Hinterland mit dem Küstenwald ist ein großer Bereich geschützt – insgesamt ein sehr artenreiches Ökosystem, das über den Wanderweg Otter-Trail für Besucher erschlossen wurde und ein hautnahes Naturerlebnis garantiert.

Wilderness National Park

(unten rechts)

Vorbei am Ferienparadies Plettenberg Bay geht es weiter zum hübschen Erholungsort Wilderness. Der Ort wurde 1877 von einem Mann gegründet, der seine Liebste nur hatte heiraten dürfen, wenn er mit ihr in die Wildnis zöge. Das tat er und seine Farm „Wilderness" wurde zur Keimzelle des Ortes. Sehr viel wilder geht es im angrenzenden Nationalpark zu. In diesem Feuchtgebiet zwischen Ozean und Outeniqua-Bergen leben etwa fünf Sechstel der in Südafrika heimischen Wasservogelarten.

Swellendamm *(oben)*

Richtung Westen über Mossel Bay, Riversdale und Heidelberg erreicht die Route Swellendamm, eine der ältesten Städte Südafrikas, von Holländern gegründet. Vor allem die weiße Kirche im holländischen Kolonialstil (Abbildung) begeistert die Besucher sowie das Drostdy-Museum mit seinen Möbeln und Kunstwerken. Nur 6 km südlich liegt der Bontebok National Park, wo die gleichnamige seltene Antilopenart geschützt wird.

Franschhoek *(unten)*

Weiter westlich geht es in die Winelands, die südafrikanischen Weinbaugebiete. Franschhoek entstand 1688, als sich hier eine Gruppe französischer Hugenotten ansiedelte und mit ihrer Sprache, die noch in vielen Namen durchklingt, auch ihre Freude am guten Essen und den Weinbau mitbrachten. Heute genießen südafrikanische Weine in aller Welt einen hervorragenden Ruf.

Kap der Guten Hoffnung *(oben)*

Kurz vor der pulsierenden Metropole Kapstadt gibt es mit dem Kap der Guten Hoffnung noch einmal Natur pur. Es lohnt sich, das Kap nicht nur von weitem anzuschauen, sondern die spektakuläre Landschaft in einer Umrundung des Felsvorsprungs hautnah zu genießen. Das spitze Ende Cape Point ist allerdings nicht der südlichste Punkt Afrikas, das ist Cape Agulhas weiter südöstlich.

Kapstadt *(unten)*

Den krönenden Endpunkt der Route bildet Kapstadt, eine der am schönsten gelegenen Städte der Welt. Wahrzeichen der Stadt ist der 1068 m hohe Tafelberg, der vom Meer aus bereits in einer Entfernung von 150 km zu sehen ist. Die Stadt selbst wirkt auch 350 Jahre nach ihrer Gründung noch sehr europäisch, mit ihrem Stadtkern im Kolonialstil, den hervorragenden Museen und den vielen Kneipen und Restaurants, nicht nur an der Waterfront.

AMERIKA

Als „Neue Welt" wurde Amerika von den Europäern erst spät entdeckt: Die Landung von Christoph Kolumbus 1492 gilt trotz früherer Besuche der Wikinger als historisch verbürgtes Datum. Ab da besiedelten und eroberten Briten, Franzosen, Spanier und Portugiesen den Kontinent – ohne Rücksicht auf die Ureinwohner, die vertrieben und fast ausgerottet wurden. Amerika besteht aus zwei großflächigen Landmassen, Nord- und Südamerika, die durch Mittelamerika als Landbrücke verbunden sind. Deshalb wird es auch gerne als Doppelkontinent bezeichnet. Da sich Amerika von Norden nach Süden über gut 15 000 km erstreckt, vereinen sich auf dem Kontinent sehr unterschiedliche Klima- und Vegetationszonen, von kalten Gletscherregionen bis zu heißen, trockenen Wüsten. Dieser Längsausdehnung folgt die Panamericana, eine der berühmtesten Traumstraßen der Welt.

Candlelight
WEDDING CHAPEL
IMMEDIATE WEDDING SERVICES ALL CHECKS OK

NATCHEZ

HISTORIC
OKLAHOMA
US
66
ROUTE

Trans-Canada-Highway

PRINCE EDWARD ISLAND → BAY OF FUNDY → QUEBEC → MONTREAL → TORONTO → NIAGARA-FÄLLE → SAULT STE. MARIE → DINOSAUR PROVINCIAL PARK → REGINA → CALGARY → BANFF NATIONAL PARK → YOHO NATIONAL PARK → GLACIER NATIONAL PARK → VANCOUVER

Vom Atlantik zum Pazifik führt diese grandiose fast 8000 km lange Traumstraße quer durch das zweitgrößte Land der Welt und wartet mit einzigartigen Naturerlebnissen, imposanten Städten und Gebäuden auf.

Prince Edward Island *(oben)*

In der kleinsten kanadischen Provinz Prince Edward Island beginnt die Traumstraße in einer gepflegten Kulturlandschaft mit grünen Gärten und feinen Sandstränden, an denen die Kanadier gerne ihren Urlaub genießen. Denn Prince Edward Island wird durch Neufundland und Nova Scotia gut vor dem rauen Atlantikklima geschützt. Überdies gibt es hier auch einen reizvollen kleinen Fischerhafen (Abbildung). Auch in der Provinzhauptstadt Charlottetown mit knapp 16 000 Einwohnern geht es gemütlich zu.

Bay of Fundy *(unten)*

Von Prince Edward Island geht es über die fast 13 km lange Confederation Bridge in die Provinz New Brunswick zum Fundy National Park an der Südküste. Dieses Schutzgebiet erstreckt sich über 13 km entlang der Fundy-Bucht, die für ihren enormen Tidenhub berühmt ist – er kann bis zu 16 m ausmachen. An der trichterförmigen Bay of Fundy wechseln sich Strände und Steilküsten ab, vor denen die Schifffahrt mit Leuchttürmen, wie z. B. dem East Quaddy Head, gewarnt wird.

Québec *(oben)*

Die Hauptstadt der gleichnamigen größten Provinz Kanadas liegt am Sankt-Lorenz-Strom und bildet das kulturelle Zentrum für die Frankokanadier. Die Altstadt aus dem 18. Jahrhundert wurde im Stil französischer Städte erbaut und wird von einer Stadtmauer sowie einer Zitadelle bewacht. Das berühmteste Hotel der Stadt heißt Château Frontenac (Abbildung), erinnert an eine Burg und hat schon vielen Prominenten Unterkunft geboten.

Montréal *(unten)*

Richtung Südwesten erreicht der Trans-Canada-Highway die Metropole Montréal (Abbildung). Die zweitgrößte Stadt Kanadas begeistert ihre Besucher mit einer besonderen Mischung aus Tradition und Moderne. Der Altstadt mit ihren Gassen, Galerien und Souvenirläden sowie der Basilika Notre-Dame oder Chapelle Notre-Dame-Bonsecours stehen fantastische moderne Gebäude als reizender Kontrast gegenüber. Mit dem Oratoire St. Joseph besitzt Montréal zudem die größte Wallfahrtsstätte Nordamerikas.

Toronto *(oben)*

Die Route führt über die kanadische Hauptstadt Ottawa und Peterborough nach Toronto am Ontariosee. Die Provinzhauptstadt von Ontario ist der wirtschaftliche und kulturelle Mittelpunkt des englischsprachigen Kanada. Unübersehbar und eine der populärsten Attraktionen der Stadt ist der 533 m hohe CN-Tower, der einen atemberaubenden Blick über die Stadt und das Umland bietet. Die Skyline kann man von den „Toronto-Islands" aus bewundern.

Niagara-Fälle *(unten)*

Für eine der berühmtesten Sehenswürdigkeiten der Welt lohnt sich ein Abstecher vom Highway 130 km südöstlich von Toronto. Hier befinden sich die Niagara-Fälle (Abbildung), deren größter Teil zu Kanada gehört. Die „Horseshoe Falls" – benannt nach ihrer Hufeisenform – sind 49 m hoch und 790 m breit. Auf der US-amerikanischen Seite schließt sich der 51 m hohe und 3250 m breite „American Fall" an.

Sault Ste. Marie *(oben)*

Richtung Norden führt die Route um die Georgian Bay herum nach Sault Ste. Marie. Diese Stadt liegt auf der Grenze zu den USA und – was viel wichtiger ist – zwischen dem Oberen See mit seinen wildromantischen Küstenabschnitten und dem Huronsee (Abbildung). Der St. Mary's River hat auf dem Zufluss zwischen den Seen Stromschnellen (frz. „saults"), die durch Kanäle mit Schleusen umgangen werden. Deshalb sind die Zwillingsstädte auf beiden Seiten der Grenze wichtige Schifffahrtsknotenpunkte.

Dinosaur Provincial Park *(Mitte)*

Die nächste Station auf dem Trans-Canada-Highway ist der Dinosaur Provincial Park, etwa 200 km östlich von Calgary entfernt. Dieser 700 ha große Park bezaubert seine Besucher mit ungefähr 35 versteinerten Dinosaurierarten, die in eine malerisch anmutende Landschaft eingebettet sind. Er zählt zu den bedeutendsten Fossilienfundplätzen Nordamerikas. Begangen werden kann der Park über eine Art Rundweg, der seine Besucher zu den Dinosaurierfossilien führt

Regina *(unten)*

Weiter Richtung Westen führt der Trans-Canada-Highway nach Regina. Die Hauptstadt der Provinz Saskatchewan beherbergt das einzige Ausbildungszentrum der Royal Canadian Mounted Police in Kanada. Die „Mounties", wie die Kanadier ihre berittene Polizei in den roten Uniformjacken liebevoll nennen, sind auch die Hauptsehenswürdigkeit der Stadt. Besonders beliebt sind die Sunset Retreat Ceremonies und die Sergeant Major's Parade (Abbildung) mit ihren Drillübungen.

Calgary *(oben)*

Nach rund 760 km durch endlose Prärielandschaften und den wüstenartigen Badlands mit ihren interessanten Dinosaurierfunden taucht die Skyline von Calgary mit dem Saddledome im Vordergrund (Abbildung) in Albertas Südwesten auf. Obwohl inzwischen reich geworden durch die Ölindustrie, wird die Stadt immer noch „Cowtown" genannt. Denn es war die jährlich im Juli stattfindende Calgary Stampede, die mit ihren Paraden, Rodeos und ausgelassenen Feiern die Metropole berühmt gemacht hat.

Banff National Park *(unten)*

Nicht weit von Calgary liegt der Banff National Park in den kanadischen Rocky Mountains, der erste und älteste Nationalpark des Landes. Er wurde bereits 1885 gegründet, ist inzwischen fast 7000 km^2 groß und zählt zum Weltkulturerbe. Hier kann man im Sommer die fantastische Natur bei Wanderungen, Wildwasser- und Kanutouren erleben und im Winter auf Skiern. Ausgangspunkte für Ausflüge sind meist die Städte Banff, Lake Louise oder der malerisch in die „Rockies" eingeschmiegte Moraine-Lake (Abbildung).

Yoho National Park *(oben)*

Die Traumstraße verläuft durch so wunderbare Landschaften, dass die Nationalparks Schlag auf Schlag folgen. Der Yoho National Park grenzt im Osten an den Banff und im Süden an den Kootenay National Park. Hier wechseln sich steile Gipfel mit schmalen Tälern, klaren Bergseen wie dem Lake O'Hara und dem Emerald Lake mit weiten Nadelwäldern ab. Berühmt ist der Park für seine Wasserfälle – insbesondere die Laughing-, die Twin- und die Takakkaw-Falls (Abbildung) sowie die Fossilien des Burgess-Schiefers.

Glacier National Park *(unten links)*

Zum Ende hin bietet der Trans-Canada-Highway ein fantastisches Naturerlebnis als Höhepunkt: die kühle, berückende Gletscherwelt des Glacier National Parks. Mehr als 400 Gletscher, ewiges Eis und Schnee bedecken mehr als ein Zehntel der Fläche des Parks. Sie sind durch Wanderwege erschlossen. Auf einer solchen Wanderung kann man durchaus auch einem Schwarzbären oder Grizzly begegnen, denn diese Region ist Bärenland. Aber auch Dickhornschafe haben hier ihr Quartier bezogen (Abbildung).

Vancouver *(unten rechts)*

Den krönenden Schlusspunkt der Reise quer durch Kanada setzt Vancouver, eine Stadt die sowohl durch ihre Lage zwischen Bergen und Meer als auch durch ihre freundliche Atmosphäre bezaubert. Das Wirtschafts- und Finanzzentrum lohnt einen längeren Aufenthalt, denn es gibt viel zu bestaunen, nicht nur Gastown, den ältesten Stadtteil mit seinen Backsteingebäuden, sondern auch Chinatown und den alten Stanley Park.

Zu den Naturhighlights Kaliforniens

REDWOOD NATIONAL PARK → YOSEMITE NATIONAL PARK → MONO LAKE → DEATH VALLEY NATIONAL PARK

Die Nationalparks Kaliforniens faszinieren durch ihre kontrastreiche Natur – selbst Kulturfreaks finden sie fantastisch.

Redwood National Park *(unten)*

Von San Francisco bis hinauf nach Oregon wachsen sie: die roten Riesen, die Redwoods (Abbildung). Sie wurden im gleichnamigen National Park nördlich von Eureka unter Schutz gestellt, denn den hatten sie bitter nötig: Ihr rotes Holz ist sehr hart und schwer entflammbar, so dass es bis in die 1920er Jahre mit Vorliebe für Strommasten, Eisenbahnbrücken und in Goldminen verwendet wurde.

Yosemite National Park *(rechte Seite oben links)*

Richtung Süden liegt einer der schönsten Nationalparks der USA, der Yosemite National Park. Steil aufragende, 3500 m hohe Berge, glasklare Gebirgsseen, knackig grüne Hochplateaus sowie Mammutbaumbestände charakterisieren den Park. Sein Zentrum ist das Yosemite Valley, das der Merced River mit seinen zahlreichen Wasserfällen förmlich „durchzuschneiden" scheint.

Mono Lake *(rechte Seite oben rechts)*

Ein wenig östlich des Yosemite National Parks liegt der Mono Lake. Dieser mit einer Größe von 200 km² riesige Salzsee bietet zwei fantastische Naturschauspiele: Zum einen die bizarren Kalksteinsäulen (Abbildung), die sich unter Wasser gebildet haben und erst in den 1960er Jahren durch die Absenkung des Wasserspiegels auftauchten. Zum anderen Hunderttausende von Zugvögeln, die im Herbst und im Frühjahr hier Rast machen.

Death Valley National Park *(rechte Seite unten)*

An der Grenze zu Nevada im Norden der Mojave-Wüste liegt das Tal des Todes. Im 19. Jahrhundert starben hier zahlreiche Goldgräber und Abenteurer an den extrem hohen Temperaturen, die bis zu 57 °C erreichen können. Da das Death Valley 86 m unter dem Meeresspiegel liegt, heizt es sich stark auf. Es gibt keine Flüsse oder Bäche und so gut wie keinen Regen, nur karges Land und Sanddünen. Auch wenn das Tal des Todes hier den Endpunkt der Traumstraße mit kalifornischen Naturhighlights markiert, sollte es im richtigen Leben immer nur eine kurze Durchgangsstation sein.

Highway Number One – Pacific Coast Highway

LOS ANGELES → SANTA BARBARA → SAN LUIS OBISPO → BIG SUR → MONTEREY → SANTA CRUZ → SAN FRANCISCO → NAPA VALLEY

Der Highway Number One erschließt die kalifornische Central Coast, eine herrliche Küstenlandschaft mit interessanten Städten. Er wird auch „Pacific Coast Highway" genannt und gehört zu den schönsten Autostrecken der USA.

Los Angeles *(links)*

Die rund 750 km lange Traumstraße beginnt in Los Angeles, der Stadt, die Träume produziert. Als Filmhauptstadt der Welt ehrt sie die Branche mit dem Walk of Fame, wo die Namen der berühmtesten Schauspieler in einen Stern im Boden gemeißelt sind (Abbildung) sowie dem weltbekannten Hollywood-Schriftzug über jenem Stadtteil, der die Studios beherbergt. In Beverly Hills haben Stars, Sternchen und andere Berühmtheiten ihre noblen Wohnsitze.

Santa Barbara *(rechte Seite oben)*

Nach kurzer Fahrt gen Norden erreicht der „Highway Number One" das Seebad Santa Barbara. Es bezaubert nicht nur mit seinen Stränden, sondern vor allem mit seiner reizenden Altstadt. Sie spiegelt noch den spanisch-mexikanischen Charakter der Gründungszeit dieser Stadt wider und steht komplett unter Denkmalschutz. Die Mission Santa Barbara gehört zu den ältesten in Kalifornien.

San Luis Obispo *(rechte Seite Mitte)*

Auf der Strecke zwischen Santa Barbara und San Luis Obispo ändert sich das Bild der Küste grundlegend: Während im Süden Sandstrände dominieren, die teilweise sehr belebt sind und alle möglichen Wassersportarten erlauben, ist die Nordküste wilder und rauer, mit fantastischen Panoramen auf Felsklippen. Der Ort San Luis Obispo entstand um die gleichnamige Missionsstation.

Big Sur *(unten)*

Zwischen San Simeon und Carmel geht es die atemberaubende Big-Sur-Küste (Abbildung) entlang. Nirgendwo ist diese Traumstraße so spannend wie hier, wo „sich Berge und Ozean zum Rendezvous treffen. Das ist die schönste Begegnung von Land und See, die es auf der Erde gibt". Treffender als Robert Louis Stevenson, der sich hier für seinen Klassiker „Die Schatzinsel" inspirieren ließ, kann man es kaum ausdrücken.

Monterey *(oben)*

Monterey gehört zu den meistbesuchten Orten auf dem „Pacific Coast Highway“, denn John Steinbeck hat dieser Stadt mit seinem Roman „Die Straße der Ölsardinen“ einen festen Platz in der Weltliteratur gegeben. Er beschreibt darin das harte Leben der Arbeiter in den Fischfabriken an der Cannary Row. Diese Küstenstraße ist heute eine belebte Touristenstraße mit Restaurants, Cafés und Souvenirshops.

Santa Cruz *(unten)*

Weiter den „Highway Number One“ entlang kommt man nach Santa Cruz mit seinen langen, breiten Stränden. Auch wenn das Wasser hier zum Baden meist zu kühl ist, ist es dennoch belebt: Santa Cruz ist eine der Hochburgen der Surfer, die mit ihren Boards die hohen Wellen abreiten. Santa Cruz besitzt außerdem den letzten Beachboardwalk Kaliforniens, eine Art Kirmes mit Karussells, darunter noch eine Achterbahn aus Holz. Diese beschauliche Vergnügungsstätte ist in den übrigen Städten durch große Anlagen à la Disneyland verdrängt worden.

San Francisco *(oben)*

Die schöne Lage an der San Francisco Bay und die vielen Sehenswürdigkeiten geben der Stadt ihr besonderes Flair und machen sie zum Touristenmagneten. Die Stadt mit den steilen Straßen ist mit dem Cable Car (Abbildung) gut zu erkunden, dagegen erreicht man die Gefängnisinsel Alcatraz nur per Boot. Das absolute Highlight ist aber nach wie vor die Golden Gate Bridge, die auf einer Länge von 2,7 km die Meerenge zwischen der San-Francisco-Bucht und dem Pazifik überspannt.

Napa Valley *(unten)*

Von San Francisco aus lohnt sich ein Abstecher weg von der Küste in die schöne Landschaft des Napa Valleys (Abbildung), wo seit dem 19. Jahrhundert Wein angebaut wird. In der nährstoffreichen Vulkanerde und in dem milden Klima gedeiht er hervorragend. Der Besuch eines Weinguts, bei dem auch eine Weinprobe nicht fehlen darf, bildet den „gaumenschmeichlerischen" Abschluss dieser Traumstraße.

Route 66

SANTA MONICA → PALM SPRINGS → MOJAVE- WÜSTE → LAS VEGAS → GRAND CANYON → SANTA FE → AMARILLO → TULSA → CLINTON → SAINT LOUIS → CHICAGO

Die erste durchgehende Straßenverbindung zwischen Los Angeles und Chicago ist heute eine Provinzstraße, längst abgelöst von effizienteren Highways. Doch geblieben ist ihr Mythos, der Freiheit und Abenteuer verspricht – so ist sie zur Traumstraße geworden.

Santa Monica *(oben)*

Santa Monica ist der Ausgangspunkt dieser traumhaft schönen Strecke, so man sie von Ost nach West bereist. Bekannt durch den Film „Der Clou", vermittelt der Santa-Monica-Pier mit seinen Stränden und dem Vergnügungspark (Abbildung) etwas vom „easy living" in Kalifornien, wo es nie regnet und die Menschen immer glücklich sind – zumindest laut eines bekannten Songs von Albert Hammond.

Palm Springs *(unten)*

Mit diesem Gefühl der Leichtigkeit geht es über Los Angeles und Anaheim weiter mit einem Abstecher nach Palm Springs und zum Joshua Tree National Park (Abbildung). Größer könnte der Kontrast kaum sein: Palm Springs, das Thermalbad der Reichen und Schönen Nordamerikas ist ein bewässertes grünes Refugium, während die sogenannten Joshua-Trees (Riesen-Baumyuccas) und verschiedene Kakteenarten im Joshua-Tree-National Park die karge Feuchtigkeit optimal verwerten.

Mojave-Wüste *(rechte Seite oben)*

Zurück auf der Route 66 geht es nach Südosten durch die Mojave-Wüste. Dieses große Trockengebiet, das im Death Valley 86 m unter (!) dem Meeresspiegel liegt, ist durch weite, meist ausgetrocknete Salzseen (Abbildung), eine karge Vegetation mit Kakteen, niedrigem Buschwerk sowie Sanddünen und felsige Berge charakterisiert. Die Geisterstadt Calico erinnert an die Zeiten, als in der Mojave-Wüste Gold und Borax abgebaut wurden.

Las Vegas *(unten)*

Weiter durch die Wüste gen Osten erreicht die Route 66 Las Vegas, die pulsierende Stadt, die niemals schläft, eine schillernde Glitzerwelt mit magnetischer Anziehungskraft. Begründer des Spielparadieses ist Bugsy Siegel, ein Mafioso von der amerikanischen Ostküste, der mit der Eröffnung seines „Flamingo-Hotels" Las Vegas zum Mekka für Glücksspieler machte. Die Casinos sind hier rund um die Uhr geöffnet und verheißen den großen Reichtum.

Las Vegas *(oben)*

Wer in Las Vegas beim Spiel kein Glück hat, hat es vielleicht in der Liebe und möchte es festhalten. Kein Problem in der Glücksstadt Las Vegas: In den Hochzeitskapellen (Abbildung) sind auch Trauungen rund um die Uhr möglich.

Grand Canyon *(unten)*

Etwas nördlich der Route 66 liegt der Grand Canyon – ein weltweit einzigartiges Naturerlebnis, das man auf keinen Fall verpassen sollte: Diese bis zu 1800 m tiefe Schlucht hat der Colorado River im Laufe der Jahrmillionen in das Coloradoplateau geschnitten, und zwar auf einer Länge von 350 km und zwischen 6 km und 29 km breit. Die verschiedenen Gesteinsschichten leuchten je nach Tageszeit und Lichtverhältnissen in grauen, gelblichen oder rötlichen Farbtönen.

Santa Fe *(oben)*

In den Rocky Mountains liegt Santa Fe, die Hauptstadt des Bundesstaates New Mexiko. In dieser zweitältesten Stadt der USA sind spanische und indianische Einflüsse bis heute deutlich spürbar. So gibt es im Zentrum viele Häuser, die in der Adobebauweise (Abbildung), einer speziellen Lehmtechnik der Indianer, errichtet wurden, und zwar nicht nur historische Gebäude wie die Kirche San Miguel, sondern auch moderne.

Amarillo *(unten)*

Weiter geht es nun durch Texas nach Amarillo. Viele der Männer mit Cowboyhut sind tatsächlich Cowboys, die ihrer Arbeit nach wie vor auf Quarter Horses nachgehen. Und so verwundert es nicht, dass Amarillo mit einem Quarter-Horse-Museum über die verbreitetste Pferderasse der Welt und über die Arbeit der Cowboys aufwartet. Doch in ihrer Freizeit mögen inzwischen auch die meisten Cowboys lieber Autos und die gibt es auf der Cadillac Ranch (Abbildung) – ein Pflichtstopp an der Route 66!

Tulsa *(oben)*

Weiter geht es über die Route 66 – die typischen Schilder für diese Strecke weisen Ortsunkundigen den Weg (Abbildung) – nach Osten über Oklahoma City nach Tulsa. Anfang des 20. Jahrhunderts entdeckte man in der Umgebung so viel Öl, dass Tulsa damals Ölhauptstadt der Welt genannt wurde. Dieser Reichtum hat sich auch in den Gebäuden jener Zeit niedergeschlagen, die Tulsa mit Elementen des Art déco zur Jugendstilstadt Amerikas machten. Außerdem gibt es hier hervorragende Kunstsammlungen.

Clinton *(unten)*

Eine weitere Reminiszenz an die legendäre Traumstraße befindet sich in Clinton, nämlich das Oklahoma-Route-66-Museum (Abbildung). Getreu den neuen Museumskonzepten, die Besucher erleben zu lassen statt sie zu belehren, gibt es hier nicht nur Filme und Fotos zu sehen, sondern auch eine alte Zapfsäule, ein nachgebautes Diner und nicht zuletzt die guten alten Straßenkreuzer, die früher diese legendäre Strecke befuhren.

Saint Louis *(oben)*

Von ihren französischen Ursprüngen ist der Stadt am Zusammenfluss von Mississippi und Missouri gerade der Name geblieben: Saint Louis. Diese letzte Großstadt an der Route 66 vor Chicago besitzt mit dem International Sculpture Park eines der bedeutendsten Freiluftmuseen in den USA. Sehr viel bekannter ist jedoch der Gateway Arch (Abbildung). Der 191 m hohe Stahlbogen von Eero Saarinen erinnert als „Gateway to the West" an die Besiedelung des Westens, die von hier ausging.

Chicago *(unten)*

Mit dem Moloch Chicago, der drittgrößten Stadt der USA, erreicht die Route 66 ihren Endpunkt. Auch wenn der Sears Tower mit seinen 443 m (ohne Antenne) längst nicht mehr das höchste Gebäude der Welt ist, lohnt sich der Blick auf die Stadt von der Aussichtsplattform nach wie vor. Berühmte Architekten wie Frank Lloyd Wright, Daniel Burnham und Mies van der Rohe haben das Stadtbild nachhaltig geprägt.

Great River Road

MINNEAPOLIS-SAINT PAUL → MISSISSIPPI-RIVER → NASHVILLE → MEMPHIS → VICKSBURG → NATCHEZ → ST. FRANCISVILLE → NEW ORLEANS

In Anlehnung an die Fahrt der berühmten Raddampfer auf dem Mississippi, dem „Great River", erschließt diese Route von Nord nach Süd die Strecke durch zehn Bundesstaaten von Minnesota bis Louisiana und bietet eine einzigartige Mischung aus Geschichte, Kultur und Landschaft.

Minneapolis-Saint Paul *(oben)*

Startpunkt sowohl der Dampfertouren auf dem Fluss als auch der rund 3000 Meilen langen Traumstraße ist die Doppelstadt Minneapolis-Saint-Paul (Abbildung). Zwar sind beide Städte selbstständig, doch liegen sie so dicht beieinander, dass die Grenzen praktisch fließend sind. Kunst und Kultur spielen hier eine große Rolle und Saint Paul wartet mit einer Kathedrale auf, die 1915 nach dem Vorbild des Petersdoms in Rom erbaut wurde.

Mississippi-River *(unten)*

Genuss und Lebensfreude pur – und damit auch ein Muss auf dieser Route durch den amerikanischen Süden – bedeutet eine Bootsfahrt auf dem Mississippi-River (Abbildung), die man unbedingt mit dem Schaufelraddampfer unternehmen sollte. Der Mississippi entspringt dem Lake Itasca im nördlichen Minnesota und vereinigt sich mit dem Missouri, dem Meremac bei St. Louis in Missouri und dem Ohio in Illinois und durchfließt als breiter Strom zehn US-Staaten: Minnesota, Wisconsin, Iowa, Illinois, Missouri, Kentucky, Arkansas, Tennessee, Mississippi und Louisiana, bevor er im Mississippi-Delta in den Golf von Mexico einmündet.

Nashville *(oben)*

Nashville ist eine bemerkenswerte Stadt mit vielen Spitznamen; so wird sie aufgrund ihrer sprudelnden Lebendigkeit und ihres finanziellen Wohlstandes wegen etwa „Nashvegas“ genannt – in Anlehnung an die Wüstenstadt Las Vegas. Auch heißt sie „Music-City“, denn Nashville ist die Wiege der Country-Music und man kann hier bei Live-Auftritten ortsansässiger Bands ganz in dieses beschwingte und quirlige Lebensgefühl des Südens eintauchen.

Memphis *(unten)*

Durch die Landwirtschaft ist die Stadt Memphis in Tennessee groß geworden, berühmt jedoch durch eine Legende der Unterhaltungsmusik: durch Elvis Presley, den King of Rock 'n' Roll. Der stilprägende Sänger starb 1977 auf seinem Anwesen „Graceland“ (Abbildung) in Memphis. Selbstverständlich hat die Stadt ihrem berühmtesten Bürger, dem sie wahre Ströme von Touristen verdankt, ein Museum errichtet.

Vicksburg *(oben)*

Mit seinem heute noch bedeutsamen Flusshafen, den nicht nur die Raddampfer anfahren, war Vicksburg im Sezessionskrieg Stützpunkt der Konföderierten am Mississippi. 47 Tage wurde der Ort durch die Unionstruppen unter General Grant belagert, bis die Konföderierten aufgaben. Dieses Ereignis und der zeitgleiche Sieg der Unionstruppen bei Gettysburg gelten als Wendepunkt des Kriegsgeschehens.

Natchez *(unten)*

In Natchez wird der alte Süden wieder lebendig. Die Stadt ist die älteste des Bundesstaates Missouri und galt bis zum Bürgerkrieg auch als reichste, größte und schönste. Denn die Gegend war ideal für den Baumwollanbau (Abbildung). Aus dieser Zeit sind noch viele Gebäude erhalten. Die Clark Creek Natural Area bei Natchez ist eines der schönsten Naturschutzgebiete von Missouri.

St. Francisville *(oben)*

Tief im Süden der USA, in Louisiana, gibt es noch zahlreiche Baumwollplantagen, die nicht während des Sezessionskriegs zerstört wurden. Die Herrenhäuser sind groß und prächtig und es fällt nicht schwer, sich vorzustellen, dass die zur Schau gestellte Pracht nur auf Kosten der Sklaven erwirtschaftet werden konnte. Allein auf der Greenwood Plantation bei St. Francisville arbeiteten 750 Sklaven.

New Orleans *(unten)*

Der Mississippi und mit ihm die Great River Road enden in New Orleans, wo der Fluss ein breites Delta mit zahlreichen Armen zum Meer hin bildet, über das die „Greater New Orleans"-Brücke führt (Abbildung). Die Stadt, bekannt für ihren Karneval Mardi Gras und ihre Altstadt mit dem French Quarter, dem Geburtsort des Jazz, wurde im August 2005 durch den verheerenden Hurrikan Katrina komplett zerstört. Seitdem wird intensiv am Wiederaufbau gearbeitet und bereits im Frühjahr 2006 trotzten die Bürger den Folgen der Katastrophe, indem sie Mardi Gras feierten.

Eine Reise zu den Traumstränden Hawaiis

KAUAI → HONOLULU → MOLOKAI → MAUI → WASSERFÄLLE AN DER HANA ROAD → HAWAII → VULCANOES NATIONAL PARK

Aus 120 Inseln besteht der Hawaii-Archipel im nördlichen Pazifik. Eine Reise über fünf der acht Hauptinseln ist eine Reise in ein Naturparadies mit fantastischen und sehr unterschiedlichen Landschaften.

Kauai *(oben)*

Diese Traumreise startet auf der am wenigsten erschlossenen Insel Kauai. Sie wird zwar die „Garteninsel" genannt, bietet aber außer den „zivilisierten" Gegenden sehr ursprüngliche und spektakuläre Landschaften. Diese Vielfalt macht Kauai zu einem beliebten Drehort für Filme, denn Regisseure finden hier sowohl liebliche Flecken für Liebesszenen, wie z. B. die romantisch anmutende Na Pali Küste (Abbildung) als auch eine wuchernde Vegetation für die Dinosaurier von Jurassic Park oder bergige Küsten, wo King Kong mit Felsen werfen konnte.

Honolulu *(rechte Seite oben)*

Auf der benachbarten Insel Oahu, die von allen Inseln des Hawaii-Archipels am dichtesten besiedelt ist, liegt die Hauptstadt Honolulu. Die moderne Großstadt hat viel zu bieten wie etwa das Mission House Museum, den Iolani-Palast, die Kawaiahao-Kirche oder das Alexander & Baldwin Building. Anziehungspunkte sind auch Chinatown oder der Flottenstützpunkt Pearl Harbour. Und nach so viel Sehenswertem lockt der Waikiki Beach (Abbildung) zum Relaxen.

Molokai *(rechte Seite unten)*

Die Halbinsel Kalaupapa auf Molokai (Abbildung), abgeschirmt durch massive Felsklippen und umgischt von der stürmischen Brandung des Meeres, kann nur per Hubschrauber oder hoch auf dem Rücken eines Maulesels besichtigt werden. Wer aber einmal die Mühen der Anreise auf sich genommen hat, wird durch den wildromantischen Zauber, der von diesem einsamen Ort ausgeht, rasch gefangengenommen und kann sich eins mit sich und der Welt fühlen.

Maui *(oben)*

Maui, die zweitgrößte Insel des Hawaii-Archipels besteht aus zwei Bergmassiven: den 1700 m hohen West Maui Mountains und dem 3055 m hohen Vulkan Haleakala (Abbildung). Der Vulkan sowie der dazugehörige Nationalpark bilden die Hauptattraktionen der Insel. Unvergessliche Erlebnisse sind der Sonnenaufgang über dem Krater und der fantastische Panoramablick über das Tal, die man sich nicht entgehen lassen sollte.

Wasserfälle an der Hana Road *(unten)*

Imposante Wasserfälle zählen zu den Naturhighlights auf Maui. Sehr bekannt sind die Oberen Waikani-Fälle an der Hana Road, auch „Drei-Bären-Fälle" (Abbildung) genannt. Die Oberen und Mittleren Puohokamoa-Fälle sind zwar relativ klein, dafür münden sie in einen schönen Garten: in den sogenannten Garden of Eden. Wer sich die Mühe macht, zum Fuß der Fälle hinab zu klettern, wird – fast immer – mit einer sehr viel imposanteren Ansicht belohnt.

Hawaii *(rechte Seite oben)*

Big Island Hawaii, die größte der bewohnten Inseln, bildet mit wunderschönen schwarzen Strände aus Lavasand ein weiteres Highlight dieser Reise. Und auch hier sieht man immer wieder Surfer auf den Wellen reiten (Abbildung) – die größten gibt es übrigens auf Oahu. Wellenreiten ist keine Erfindung unserer Zeit, sondern wird schon seit Jahrhunderten auf Hawaii ausgeübt: He'e nalu, wie die Ureinwohner es nennen, war vor allem eine Beschäftigung der Stammeshäuptlinge.

Vulcanoes National Park *(rechte Seite unten)*

Eines der grandiosesten Naturschauspiele der Erde überhaupt darf man auf Big Island nicht versäumen: Hier kann man zuschauen, wie flüssige Lava aus dem Erdinnern nach außen tritt (Abbildung), und zwar im Vulcanoes National Park am Kilauea, einem „Ableger" des Vulkans Mauna Kea. Dieser Blick ins Innere der Erde ist wohl das nachhaltigste Naturerlebnis auf dieser Traumroute.

Nordamerikanische Panamericana

PRINCE RUPERT → JASPER NATIONAL PARK → WATERTON-GLACIER INTERNATIONAL PEACE PARK → YELLOWSTONE NATIONAL PARK → SALT LAKE CITY → BRICE CANYON NATIONAL PARK → PHOENIX → TUCSON

Zu den großartigsten Reiseerlebnissen gehört eine Fahrt quer durch Amerika über die Panamericana. Sie gilt als die Traumstraße schlechthin und verbindet das US-amerikanische Alaska im Norden mit dem argentinischen Feuerland in der Spitze Südamerikas. Die Strecke besteht aus mehreren Varianten mit Querverbindungen und führt auf insgesamt rund 70 000 km als geschlossenes Straßensystem durch den gesamten amerikanischen Kontinent. Bis auf eine Lücke von 90 km zwischen Kolumbien und Panamá ist die Panamericana durchgehend befahrbar und zum größten Teil asphaltiert, manchmal jedoch auch nur geschottert.

Wer eine komplette Längsroute fährt, durchquert nicht nur je nach Strecke zwischen 14 und 19 Staaten, sondern auch ganz unterschiedliche Klimazonen und Landschaften – von tropisch heiß bis arktisch kalt, von Wüste bis Regenwald. Und genau dieser Mix und diese Vielfalt machen den Reiz der Panamericana aus.

In Nordamerika gehört offiziell keine Straße zur Panamericana oder zum Panamerican Highway, wie es hier heißt. Doch längst sind verschiedene Highwaysysteme der USA und Kanadas in die touristische Panamericana einbezogen worden und werden dazugezählt. Wir beginnen unsere Reise auf der Traumstraße kurz hinter der südlichen Grenze des US-Bundesstaates Alaska in British Columbia, Kanada. Südwestlich geht es durch Alberta und die Rocky Mountains über Montana, Wyoming und Utah. In der Sonorawüste in Arizona überquert die Panamericana hinter Tucson die Grenze zu Mexiko.

Prince Rupert *(rechts)*

Im kanadischen Prince Rupert (British Columbia) bietet die Panamericana sowohl Kultur- als auch Naturfreunden einen Höhepunkt zu Beginn der Reise. Im Museum kann man sich mit dem Leben der Tsimshian-Indianer bekannt machen und dann per Kajak deren Welt im nahe gelegenen Reservat erkunden. Und vor der Küste gibt es zwischen Mai und Oktober eine gute Chance, beim Whalewatching Grauwale und Orcas zu sehen.

Jasper National Park *(oben)*

Die erste fantastische Gelegenheit zum Verweilen bietet sich im Jasper National Park. Denn er ist so abwechslungsreich, dass man sich durchaus länger dort aufhalten kann. Es gilt, die Columbia Icefields zu erkunden, die größte, nichtpolare Eisansammlung in Nordamerika, die atemberaubenden Athabasca Falls, die Hot Springs, in deren heißen Mineralwässern man baden kann, oder die malerische Landschaft rund um den Maligne Lake (Abbildung).

Waterton-Glacier International Peace Park *(unten)*

Kurz vor der Grenze zwischen Kanada und den USA führt die Panamericana an einem staatenübergreifenden Naturschutzprojekt vorbei, das bereits seit 1932 existiert. In diesem Jahr wurden der kanadische Waterton Lake und der US-amerikanische Glacier National Park zum Peace Park vereint. Das Ergebnis ist ein Park der Gegensätze und der Superlative: Hier gibt es etwa 650 Seen, zahlreiche Gletscher, unzählige Wasserfälle, schroffe Berge und bewaldete Täler.

Yellowstone National Park
(unten links)

Kurz vor der Grenze zwischen Montana und Wyoming beginnt der Yellowstone National Park, der in den Rocky Mountains liegt. Er garantiert grandiose Naturschauspiele, denn das Gebiet ist immer noch vom Vulkanismus geprägt. Neben heißen Quellen, Fumarolen und Geysiren – wie der Old Faithful Geysir (Abbildung) – können hier aber auch schroffe Gebirge, klare Bergseen, tiefe Canyons und endlose Wälder bestaunt werden. Durch diese Landschaft streifen Bisons, Elche, Bären, Biber, Koyoten, Pumas und Hirsche – ein Paradies für Naturfreunde.

Salt Lake City *(oben)*

Durch Wyoming führt die Route nach Salt Lake City, der Hauptstadt von Utah. Die Stadt erhielt ihren Namen nach dem Großen Salzsee, an dem sie liegt. Gegründet von den Mormonen, bildet der Temple Square mit dem Mormonentempel, einigen Denkmälern und dem Besucherzentrum den geographischen Mittelpunkt dieser Religion für die ganze Welt. Das stattliche Kapitol (Abbildung) dagegen ist das Verwaltungszentrum von Utah.

Brice Canyon National Park
(unten rechts)

Kurz bevor die Panamericana die Grenze zu Arizona überquert, lockt der Bryce Canyon mit seinen fantastischen talförmigen Buchten, in denen sich Felssäulen wie Lebewesen von einem anderen Stern nach oben recken. Dabei leuchten sie gelblich bis rostrot. Geologen können an den unterschiedlichen Farben der Schichten Rückschlüsse auf deren Alter ziehen – und die Sonne tut das ihre dazu, sie weltentrückt erscheinen zu lassen.

Phoenix *(oben)*

Aus dem wüstenartigen, trockenen, heißen Land reckt sich plötzlich eine grüne Oase auf: Phoenix, die Hauptstadt von Arizona, bezaubert ihre Besucher mit einer ganz besonderen Mixtur aus spanischer Kolonialarchitektur, indianischen Anklängen und zeitgenössischen Wolkenkratzern. Vor allem die Gründerzeitbauten am Heritage Square im Zentrum sind behutsam restauriert worden.

Tucson *(unten)*

Weiter Richtung Süden führt die Panamericana über Tucson, das am Rande der Sonorawüste (Abbildung) liegt. Über sie erfährt man alles im Arizona Sonora Desert Museum, einer Mischung aus Zoo, botanischem Garten, Naturkundemuseum und Aquarium. Tucson ist aus einer spanisch-mexikanischen Kolonialstadt hervorgegangen und pflegt bis heute das alte Zentrum aus Adobe-Häusern. Als bedeutender Hightech-Standort ist die Stadt darüber hinaus sehr modern.

Mittelamerikanische Panamericana (Etappe 1)

NOGALES, SONORA → GOLF VON KALIFORNIEN → TEOTIHUACAN → MEXIKO-STADT → MONTE ALBAN BEI OAXACA → PALENQUE → SAN CRISTOBAL DE LAS CASAS

Im mexikanischen Nogales beginnt der offizielle Teil der Panamericana, also jener Teil, der 1936 auf der Interamerikanischen Konferenz zur Festigung des Friedens beschlossen wurde. Die amerikanischen Staaten unterzeichneten am 23. Dezember im argentinischen Buenos Aires die Konvention über die Carretera Panamericana – das grandiose Projekt einer kontinentalen Straße, die als friedensstiftende Maßnahme die Länder und ihre Hauptstädte miteinander verbinden sollte.

Aus der Sonorawüste in Mexiko führt die westliche Küstenstrecke der Panamericana zum Golf von Kalifornien mit seinen wunderbaren Stränden und folgt ihm über hunderte von Kilometern. Schließlich geht es in die Berge durch die Westliche zur Östlichen Sierra Madre nach Mexiko-Stadt. Hinter dem Isthmus von Tehuantepec präsentiert sich die Landschaft rund um die Mayastadt Palenque ganz anders, nämlich als dichter Dschungel.

Nogales, Sonora *(linke Seite)*

Die Panamericana führt nun von Nogales nach Nogales: Der Stadt Nogales auf US-amerikanischer Seite in Arizona entspricht der Grenzort Nogales, Sonora, auf mexikanischem Territorium. Beide Städte liegen in der Sonorawüste. Charakteristische Pflanzen dieses Landstrichs sind die Armleuchterkakteen (Abbildung), die biologisch korrekt Saguaro heißen. Sie recken ihre „Arme" mehrere Meter hoch in den wolkenlosen, blauen Himmel.

Golf von Kalifornien *(oben)*

Die Panamericana nähert sich dann dem Golf von Kalifornien und trifft bei Guaymas das erste Mal direkt auf die Küste (Abbildung) und führt bis Mazatlán daran entlang. Auf dieser Strecke drängen sich Abstecher zum Baden im Golf geradezu auf. Auch Mazatlán hat sich zum Badeparadies entwickelt, ist aber noch bekannter für seinen Karneval, der mit dem von Rio de Janeiro problemlos konkurrieren kann.

Teotihuacán *(unten)*

Parallel zum Osthang der Östlichen Sierra Madre geht es nach Süden zu den gigantischen Ruinen der bisher größten entdeckten präkolumbischen Stadt der Welt: Teotihuacán (Abbildung). Man weiß nicht, welches Volk diese Stadt erbaute, in der im 6. Jahrhundert zwischen 150 000 – 200 000 Menschen lebten. Und obwohl das Ausgrabungsgebiet rund 20 km² umfasst, darunter Wohnhäuser, Paläste und Pyramiden, handelt es sich nur um einen Teil von Teotihuacán.

Mexiko-Stadt *(oben)*

Nach nur 40 km Richtung Südwesten erreicht die Strecke Mexiko-Stadt. Interessant ist hier neben der Altstadt rund um den Zócalo auch ein Besuch der beiden Basilicas de Guadalupe. Die Schutzpatronin der Stadt zieht jährlich Millionen von Pilgern an, so dass der Bau einer zusätzlichen Kirche notwendig wurde. Entspannung vom quirligen Leben der Hauptstadt garantiert ein Ausflug in den Süden nach Xochimilco mit einer Bootsfahrt durch die schwimmenden Gärten (Abbildung).

Monte Albán bei Oaxaca *(unten)*

Die nächste Station auf der Strecke präsentiert wieder ein kulturelles Highlight: Monte Albán, die ehemalige Hauptstadt der Zapoteken. Sie liegt sehr schön auf einer künstlichen Plattform über dem Tal der reizenden Kolonialstadt Oaxaca. Neben Wohnhäusern, Palästen und Tempeln gibt es einen Ballspielplatz, ein Observatorium sowie Grabkammern unter der Erde mit Wandmalereien und Skulpturen.

Palenque *(rechte Seite oben)*

Über den Isthmus von Tehuantepec geht es nach Palenque. Diese große klassische Mayastadt liegt mitten im tropischen Dschungel und scheint an manchen Stellen mit ihm zu verschmelzen bzw. tut dies, denn die Stadt ist längst nicht komplett ausgegraben. Das macht ihren besonderen Reiz aus. Der Tempel der Inschriften (Abbildung) ist am bekanntesten, denn er enthält eine Grabkammer, in der ein Sarkophag eines Mayaherrschers entdeckt wurde.

San Cristóbal de las Casas

(unten)

Richtung Süden durch die nördlichen Berge von Chiapas führt die Panamericana durch bewaldete Berge nach San Cristóbal de las Casas. Die Mischung aus indianischen und kolonialen Elementen macht das besondere Flair dieser Stadt aus. Am Zócalo repräsentiert die barocke Kathedrale (Abbildung) die Kolonisatoren, der Markt bei der Kirche Santo Domingo die Indianer. Die Panamericana verlässt nur Mexiko über den Grenzort Paso Hondo und führt weiter durch Guatemala.

Mittelamerikanische Panamericana (Etappe 2)

ANTIGUA → GUATEMALA-STADT → SAN SALVADOR → MANAGUA → VULKAN ARENAL → SAN JOSE → PANAMAKANAL → PANAMA-STADT

Bei Paso Hondo überquert die Panamericana die Grenze zu Guatemala und führt über einen Ausläufer der Kordilleren mit teilweise noch aktiven Vulkanen weiter nach El Salvador. Dieses kleinste Land Zentralamerikas ist schnell durchquert. Die Panamericana führt nun bei Santa Rosa de Lima über die Grenze nach Honduras vorbei am Golf von Fonseca und gleich wieder über eine Grenze, diesmal die zu Nicaragua. Die Strecke folgt der im Bergland verlaufenden Senke nach Südosten und dem westlichen Ufer des Nicaraguasees über die Grenze nach Costa Rica, das durch Vulkane, Dschungel und seine vielfältige Tierwelt bezaubert. Nach einem kurzen Abstecher zum Pazifik bei Puntarenas geht es über Costa Ricas Hauptstadt San José parallel zum Südhang der Kordilleren durch Panamá und damit über das schmale Stück Land, das Mittel- mit Südamerika verbindet und dafür verantwortlich ist, dass wir bei Amerika auch von einem Doppelkontinent sprechen.

Antigua *(linke Seite)*

Vom guatemaltekischen Grenzort La Democracia führt die Panamericana nach Antigua. Die ehemalige Hauptstadt Guatemalas liegt in einem Tal zwischen Vulkanen und ist trotz mehrerer Erdbeben bis heute von Kolonialarchitektur geprägt. Besonders sehenswert sind rund um die Plaza Mayor das Rathaus (Casa de Cabildo), der Palacio de los Capitanes Generales und die Kathedrale mit ihrer reich verzierten Fassade (Abbildung).

Guatemala-Stadt *(oben)*

Rund 40 km entfernt von Antigua liegt Guatemala-Stadt, die Hauptstadt Guatemalas. Als größter Ballungsraum in Mittelamerika prallen hier die Gegensätze zwischen arm und reich, alt und neu aufeinander. Neben den Sehenswürdigkeiten am Parque Centenario (Plaza Mayor), wie dem Regierungssitz (Abbildung), bietet Guatemala-Stadt interessante Museen und seit kurzem auch ein Vergnügungsviertel mit Restaurants, Bars und Diskotheken.

San Salvador *(unten)*

Richtung Südosten geht es über die Grenze nach El Salvador, das wegen seiner fruchtbaren Hügel- und Gebirgslandschaften auch die Gartenrepublik genannt wird. In 2000 m Höhe liegt die Hauptstadt San Salvador am Fuße des gleichnamigen Vulkans. Die Stadt wurde mehrfach von Erdbeben zerstört, zuletzt 2001, so dass von den historischen Gebäuden nicht mehr viel erhalten ist. Sehenswert ist jedoch der bunte Markt (Abbildung) mit seinem quirligen Leben.

Managua *(oben)*

Bei Santa Rosa de Lima überquert die Traumstraße die Grenze nach Honduras und kurz darauf noch eine weitere Grenze, diesmal die zu Nicaragua. Am Südufer des Managuasees liegt die Hauptstadt Managua (Abbildung). Wegen eines schweren Erdbebens 1972 hat man das Zentrum verlegt. In der Area monumental sind die Ruinen wichtiger Bauten wie der Kathedrale noch zu besichtigen. Sehr viel erbaulicher ist es am El Malecón, der Uferpromenade Managuas am See.

Vulkan Arenal *(unten)*

Die Panamericana führt am Westufer des Nicaraguasees entlang und bei La Cruz über die Grenze nach Costa Rica, das vor allem für seinen Urwald und seine Vulkane bekannt ist. Von La Fortuna kann man Ausflüge in den Nationalpark am Vulkan Arenal (Abbildung) unternehmen. Er zählt zu den aktivsten Vulkanen der Erde, und bei wolkenlosem Nachthimmel sieht man die rote Lava den Hang hinabfließen.

San José *(rechte Seite oben)*

Ein Stück weiter östlich liegt San José, die Hauptstadt Costa Ricas, im Zentrum des Landes auf einer Hochebene der Meseta Central in 1200 m Höhe. Das Herz der Stadt ist die Plaza de la Cultura mit dem klassizistischen Prachtbau des Nationaltheaters (Abbildung). San José ist zudem eine Stadt der Museen: Von Gold über Jade bis hin zur Landesgeschichte gibt es hier zu zahlreichen Themen eigene Ausstellungshäuser.

Panamakanal *(rechte Seite Mitte)*

Die Panamericana führt nun nach Norden über die Landbrücke zwischen Karibik und Pazifik, die Costa Rica mit Panamá und Kolumbien verbindet. Nach dem Überqueren der Grenze zwischen Costa Rica und Panamá führt die Route südlich der Cordillera Central entlang zum Panamakanal (Abbildung). Dieses grandiose Meisterwerk der Ingenieurskunst verbindet Pazifik und Karibik durch einen 81,6 km langen und 70 bis 300 m breiten Kanal.

Panamá-Stadt *(unten)*

Am südlichen Ende des Panamakanals liegt Panamá-Stadt an der Bucht von Panamá (Abbildung). Als Wirtschaftszentrum des Landes und urbaner Schmelztiegel fasziniert die Hauptstadt durch ihre Mischung von Wolkenkratzern und Wellblechhütten, von lauten, heißen Straßen und ruhigem Grün des Parque Metropolitana. Die Altstadt, geprägt von Spaniern und Franzosen, verströmt bis heute koloniales Flair.

Südamerikanische Panamericana (Etappe 1)

MANIZALES → CALI → OTAVALO → QUITO → VOLCANO COTOPAXI → ALAUSI → CUENCA → SIPAN

Der Übergang von Mittel- nach Südamerika gestaltet sich schwierig. Denn obwohl der Vertrag über die länderübergreifende Straße 70 Jahre alt ist und viele tausend Kilometer gebaut wurden, gibt es eine Lücke von etwa 90 km zwischen Panamá und Kolumbien zu überbrücken: Das bergige Urwaldgebiet des Darién Gap ist die letzte asphalt- bzw. schotterfreie Strecke zwischen Alaska und Feuerland. So werden die Fahrzeuge meist per Schiff nach Cartagena gebracht. Von dort führt die Panamericana immer weiter südlich die Anden entlang, dem Charaktergebirge Südamerikas, das sich längs durch den Kontinent zieht. Bei Ipiales geht es über die Grenze von Kolumbien nach Ecuador.

Manizales *(oben)*

Zwischen der Cordillera Occidental und der Cordillera Central verläuft die Panamericana gen Süden und erreicht mit Manizales die Kaffeehauptstadt Kolumbiens. Plantagen für den weltberühmten kolumbianischen Kaffee prägen das Gesicht dieser Region. In der Stadt sind noch ein alter Turm und die Station einer Güterseilbahn aus den goldenen Kaffeezeiten zu besichtigen. Und während der Feria de Manizales wird die Kaffeekönigin gewählt. Außerdem ist Manizales bekannt für sein Theaterfestival (Abbildung) – das zweitgrößte in Kolumbien.

Cali *(unten)*

Von der Kaffee- geht es zur Zuckerhauptstadt, denn in der Region um die Millionenstadt Cali wird vor allem Zuckerrohr angebaut. Die Stadt wurde 1536 gegründet und gehört damit zu den ältesten in Südamerika. Die Kirchen La Merced und San Antonio stammen noch aus dieser Zeit. Wahrzeichen von Cali ist jedoch La Ermita, die dem Kölner Dom nachempfunden wurde. Ihre Lebenslust toben die Bürger von Cali beim Salsa aus und der Besuch einer Salsa-Diskothek ist ein einmaliges Erlebnis. Und in der Stierkampfarena kann man dem Kampf zwischen Mensch und Tier (Abbildung) zuschauen.

Otavalo *(oben)*

Etwa an der Grenze zu Ecuador vereinigen sich die kolumbianischen Kordillerenstränge zur Cordillera Real, deren Westhang die Panamericana in Ecuador folgt. Vorbei an Kraterseen geht es nach Otavalo, zum Ort der Cara-Indianer. Sie sind für ihre wunderbaren Webwaren bekannt, die auf dem großen Samstagsmarkt (Abbildung) bunt und laut verkauft werden. Er findet auf der Plaza de Ponchos statt – der Name ist Programm.

Quito *(unten)*

Zwischen schneebedeckten Vulkanen liegt die Hauptstadt Ecuadors 2850 m über dem Meer. Damit ist Quito die zweithöchst gelegene Metropole der Welt. Obwohl Quito eine Millionenstadt mit Wolkenkratzern ist, entführt die wunderbare Altstadt (Abbildung) mit ihren zahlreichen Kirchen, Klöstern und Palästen in die Kolonialzeit. Denn Alt- und Neustadt sind strikt getrennt.

Volcano Cotopaxi *(oben)*

Er ist auch von weitem eine Augenweide: Der ebenmäßig geformte, von Schnee überzogene, riesige Kegel des Vulkans Cotopaxi (Abbildung). Cotopaxi ist der mit stattlichen 5897 m anerkannt höchste aktive Vulkan dieser Erde. Eine Besteigung des Berggiganten ist zwar auch für Nicht-Sportler möglich, über eine gute Kondition sollte man dennoch verfügen. Nach den Mühen des Aufstiegs wird man mit einem atemberaubenden Blick über die Bergwelt Ecuadors belohnt.

Alausí *(unten)*

Von Quito geht es über Riobamba nach Alausí und damit aus dem vulkanischen Teil der Anden in den nicht mehr aktiven Teil. Alausí würde niemanden interessieren, gäbe es da nicht eine der spektakulärsten Bahnstrecken der Welt: Auf der Strecke zwischen der Hafenstadt Guayaquil und Alausí muss der Zug an der sogenannten Teufelsnase 500 Höhenmeter auf nur 2 km überwinden. Nirgendwo auf der Welt kann man steiler Zugfahren!

Cuenca *(oben)*

Neben Quito gilt Cuenca als schönste Kolonialstadt Ecuadors. Die Spanier erbauten sie auf den Ruinen einer Inkastadt, die sie zuvor zerstört hatten, und errichteten zahlreiche Kirchen, um den christlichen Glauben zu stärken. Dieses koloniale Ambiente ist in der Altstadt (Abbildung) aufs Schönste erhalten, zumal es auch noch viele reich ausgestattete Wohnhäuser aus Cuencas Zeit als Goldgräberstadt gibt.

Sipán *(unten)*

Den Abschluss dieses Streckenabschnitts bildet Sipán, das etwa 32 km in östlicher Richtung von Chiclayo entfernt liegt. Sipán ist eine der faszinierendsten Ausgrabungsstätten Perus. Hier befindet sich das Grab des sogenannten Herrn, dessen Grabstätte vollkommen wiederhergestellt wurde. Gefunden wurden hier zudem vergoldete Standarte mit Darstellungen der Ulluchu-Gottheit (Abbildung).

Südamerikanische Panamericana (Etappe 2)

CHAN CHAN → TRUJILLO → PARQUE NACIONAL HUASCARAN → LIMA → RESERVA NACIONAL DE PARACAS → NAZCA → AREQUIPA

Nachdem die Panamericana bei Macará und La Tina die Grenze zwischen Ecuador und Peru überquert hat, führt sie vom Hochland zur Pazifikküste und verläuft parallel dazu.

Chan Chan *(oben)*

Die Chimú-Hauptstadt Chan Chan (Abbildung) wirkt ganz anders als die Ruinenstädte der Inka oder der Maya. Das liegt daran, dass diese größte präkolumbische Stadt Perus nicht aus Stein errichtet wurde, sondern aus Adobe, jenen getrockneten Lehmziegeln, die bei Regen über die Jahre „wegschmilzen". Hier lebten zur Blütezeit der Chimú um 1450 vermutlich bis zu 100 000 Menschen und Archäologen fanden Schätze aus Gold, Silber und Keramiken, die in den Museen von Lima zu besichtigen sind.

Trujillo *(rechte Seite oben)*

Direkt benachbart von Chan Chan liegt Trujillo, eine der größten Städte Perus und für Europäer die angenehmste, denn sie ist recht sicher und sehr abwechslungsreich. Trujillo ist nicht nur ein guter Ausgangspunkt für Ausflüge in die Umgebung, sondern besitzt ein schönes Zentrum mit Kirchen und Wohnhäusern aus der Kolonialzeit sowie interessante Ausstellungen. Das angenehme Klima und die schönen Strände runden den Aufenthalt in Trujillo perfekt ab.

Parque Nacional Huascarán *(rechte Seite unten)*

In dem zum Weltkulturerbe zählenden Parque Nacional Huascarán kann man die größten Bromeliengewächse der Welt bewundern und bestaunen – z. B. die Puya Raimondii (Abbildung) – ein Wahrzeichen Perus. Der Nevado Huascarán ist mit beachtlichen 6768 m der höchste Berg Perus. Der verschneite Gebirgszug mit mehr als zwei Dutzend Sechstausendern bildet den Kern des Parks.

Lima *(oben)*

Weiter geht es südlich nach Lima, in die Hauptstadt Perus. Mit zehn Millionen Einwohnern, von denen ein Großteil in Elendsvierteln lebt, ist die Stadt ein Moloch, der durch den Nebel, der von April bis November über der Stadt hängt, noch grauer wirkt als er ist. Tatsächlich wurden Straßen und Plätze begrünt und das historische Zentrum renoviert. Die Plaza Mayor mit Kathedrale (Abbildung), Regierungspalast und Rathaus, schon immer ein Treffpunkt, präsentiert sich als schönster Platz Limas.

Reserva Nacional de Paracas *(unten)*

Insbesondere Liebhaber alter Kulturen werden die Reserva Nacional de Paracas schätzen – die Halbinsel wurde nämlich bereits ab 3000 v. Chr. besiedelt und ab 1000 v. Chr. zum Anbau von Mais, Maniok, Baumwolle und Bohnen genutzt. Die Besiedelungsgeschichte kann man in Paracas' Museum nachvollziehen. An einem Berghang gelegen, nordwestlich der Bucht von Paracas, stößt man auf den „Kandelaber" (synonym gebrauchte Namen sind „Drei Kreuze", „Dreizack" oder „Lebensbaum") – ein circa 120 m großes Scharrbild (Abbildung).

Nazca *(oben)*

Gut 450 km weiter südlich liegt Nazca, Ausgangspunkt für eine der geheimnisvollsten Sehenswürdigkeiten der menschlichen Kultur: Die präkolumbischen Nazca-Indianer hinterließen in der Wüstenebenen gigantische Bilder von Tieren, Menschen und Symbolen, die sie in den Boden scharrten. Diese Scharrbilder (Abbildung), auch Geoglyphen genannt, sind so groß, dass sie erst aus der Luft gut zu erkennen sind und zur Geltung kommen. Ein Flug über das 700 km² große Gebiet ist ein einmaliges Erlebnis, das die Fantasie anregt, denn die Bedeutung der Geoglyphen ist bislang nicht geklärt.

Arequipa *(unten)*

Die Panamericana führt nun kurvenreich von der Küste weg, durch bewässerte Felder ins vulkanische Hochland von Peru. Auf dem Weg nach Arequipa bieten sich immer wieder fantastische Blicke auf die Vulkane Misti (Abbildung), Chachani und Ampato. Arequipa besitzt einen wunderschönen kolonialen Stadtkern und eignet sich hervorragend für Trekkingtouren auf die Vulkane Misti (5822 m) und Chachani (6075 m).

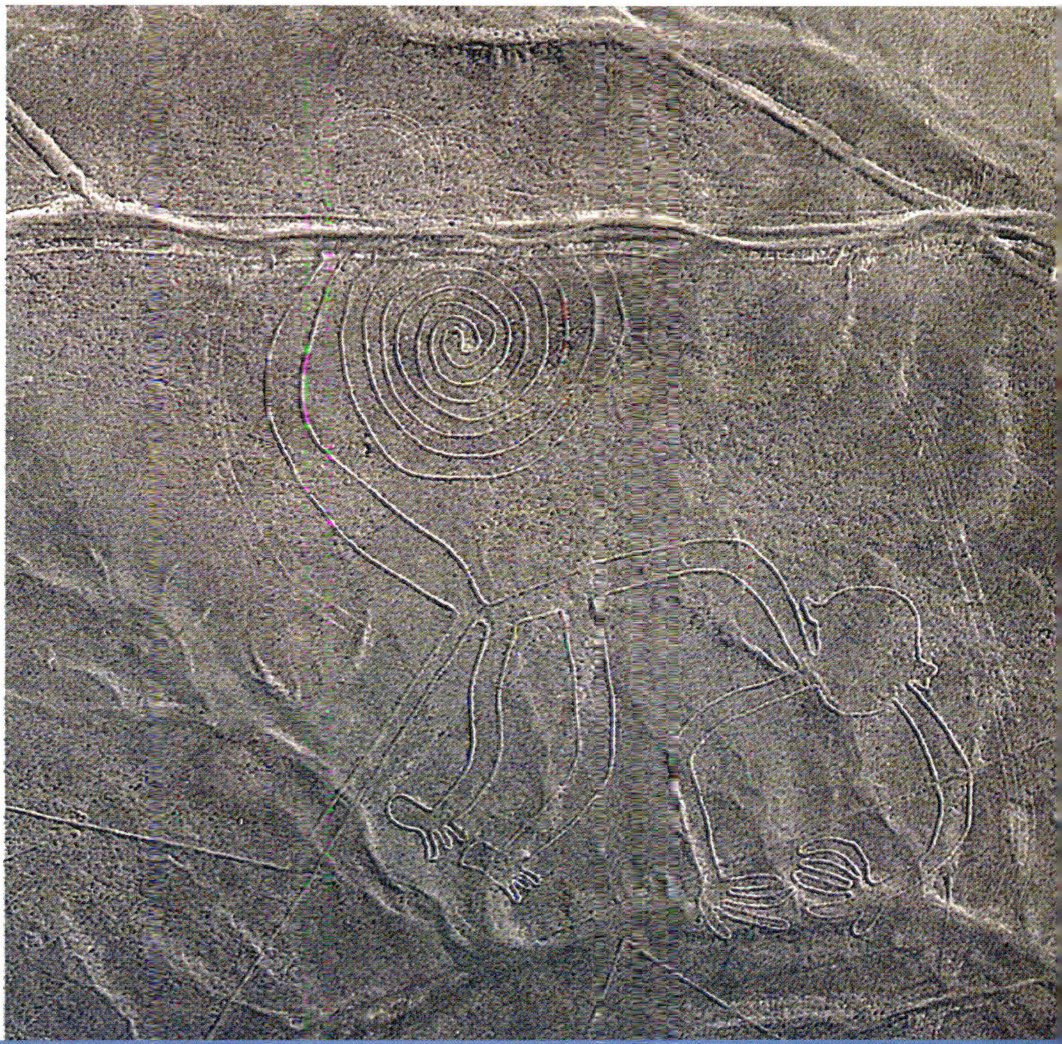

Südamerikanische Panamericana (Etappe 3)

ARICA → IQUIQUE → VINA DEL MAR / VALPARAISO → SANTIAGO DE CHILE → VILLARRICA → PARQUE NACIONAL ALERCE ANDINO → COIHAIQUE → PARQUE NACIONAL LAGUNA SAN RAFAEL

Mit dem kleinen Grenzort Concordia verlässt die Route Peru und erreicht Chile, das bis in die Spitze Südamerikas reicht und deshalb das Land mit dem längsten Streckenanteil auf dieser Traumstraße ist und mit den unterschiedlichsten Landschaften, von Badestränden über die Atacamawüste und Berge bis hin zu Gletschern. Ab Puerto Montt folgt die Panamericana der Carretera Austral und windet sich durch Westpatagonien an Fjorden und Seen vorbei, durch Wälder, Berge und über Flüsse durch eine fantastische Naturlandschaft, die so unwegsam ist, dass hier nur wenige Menschen leben.

Arica *(oben)*

Direkt hinter der Grenze zwischen Peru und Chile liegt Arica. Die Stadt ist geprägt von Wasser und Sand – vom Pazifik und seinen wunderbaren Stränden und Fischbeständen sowie vom Río San José und den Sanddünen der Atacama. So hat sich die Stadt zum Badeort und zum Standort der Hochseefischerei entwickelt. Wahrzeichen der Stadt ist der Fels Morro, von dem aus man einen wunderbaren Blick auf Arica und die Umgebung genießen kann.

Iquique *(rechte Seite oben)*

Iquique liegt wunderbar am Fuße der Küstenkordillere und der riesigen Sanddüne Cerro Dragón. Doch die Stadt bietet mehr: Ihre Strände sind ein hervorragendes Surfrevier und die Altstadt ist ein Schmuckstück. Die teilweise wunderbar verzierten Gebäude wurden während des Salpeterbooms Ende des 19. und Anfang des 20. Jahrhunderts errichtet. Entsprechend ist hier nicht der Stil der Kolonialzeit vorherrschend, sondern jener der Belle Epoque.

Viña del Mar / Valparaíso *(rechte Seite unten)*

Die Panamericana zieht sich weitere hunderte von Kilometern parallel zur chilenischen Pazifikküste durch die Ödnis der Atacamawüste. Schließlich erreicht sie die dicht nebeneinander liegenden Orte Viña del Mar und Valparaíso. Während Viña del Mar als einer der ältesten Badeorte Chiles mit seinen neoklassizistischen Bauten aus den 1930er Jahren besticht, trumpft Valparaíso als quirlige Hafenstadt (Abbildung) auf.

Santiago de Chile *(oben)*

Richtung Norden, in die Berge hinein, geht es nach Santiago de Chile. In Chiles Hauptstadt wohnt etwa ein Drittel der Landesbevölkerung und der Zuzug hält an. Die schachbrettartig angelegte Kolonialstadt wurde oft von Erdbeben erschüttert, so dass sie heute wie ein Puzzle aus alt und neu wirkt. Doch es hat durchaus seinen Reiz, wenn sich die barocke Kathedrale in der Glasfassade eines Geschäftshochhauses spiegelt.

Villarrica *(unten links)*

Bei Villarica erreicht die Panamericana die „chilenische Schweiz", wie diese Region aus Berggipfeln und Tälern, Seen und Wäldern auch gern genannt wird. Als die Eiszeitgletscher schmolzen, entstanden die Seen, in deren kaltem Wasser sich die schneebedeckten Vulkane spiegeln. Villarrica ist das Zentrum dieser beliebten Ferienregion – eine beschauliche Kleinstadt mit vielen Holzhäusern. Das Hafengebiet Angelmo (Abbildung) bei Puerto Montt ist auch sehr reizvoll.

Parque Nacional Alerce Andino *(unten rechts)*

Mit der Hafenstadt Puerto Montt erreicht die Panamericana wieder das Meer. Das älteste Gebäude der Stadt ist die Kirche aus Redwood-Holz. Es stammt von den riesigen Alerce-Bäumen, die mit den kalifornischen Redwood-Bäumen verwandt sind, und im westlich der Stadt gelegenen Parque Nacional Alerce Andino angeschaut werden können. Das Gebiet schützt einen Teil des chilenischen Nebelregenwalds mit seinen seltenen Pflanzen, den steilen Felswänden und Wasserfällen.

Mendoza *(linke Seite)*

Die Weinhauptstadt Argentiniens ist mit ihren zahlreichen Weinanbauplantagen (Abbildung) der Ausgangspunkt dieser Reise nach Süden auf der argentinischen Panamericana. Obwohl eine Millionenstadt, ist Mendoza großzügig geplant, mit niedrigen Häusern und viel Grün. Denn die Stadt wurde nach einem verheerenden Erdbeben 1861, bei dem sie nahezu komplett zerstört worden war, möglichst erdbebensicher wieder aufgebaut. Ohne historische Sehenswürdigkeiten lädt Mendoza vor allem zum Flanieren und natürlich zur Weinprobe ein.

Puente del Inca *(oben)*

Ein Stück Richtung Westen führt die Strecke an der Grenze zu Chile zu einem ganz besonderen Naturmonument. Das Wasser einer Thermalquelle hat hier durch seine mineralischen Ablagerungen ein natürliches Viadukt geschaffen, die Puente del Inca (Abbildung). Tatsächlich nutzten nicht nur die Inka diese natürliche Brücke, sondern auch Zeitgenossen bis die Nationalstraße 7 verlegt wurde.

San Carlos de Bariloche *(unten)*

Parallel zu den Osthängen der Anden erreicht die Traumstraße eine Region, die jedem Europäer an die Schweiz erinnern wird: schroffe Berge, dichte Wälder, klare Seen. Und so war es nur folgerichtig, dass sich schweizerische Einwanderer hier heimisch fühlten und San Carlos de Bariloche am Ufer des Lago Nahuel Huapi gründeten. In den vier Nationalparks der Umgebung gibt es über 100 Seen.

Parque Nacional Los Glaciares
(oben)

Durch Patagonien führt die Route weiter nach Süden zum Parque Nacional Los Glaciares. Die Hauptattraktionen sind der Upsala-Gletscher, der größte Gletscher Südamerikas, und der Perito-Moreno-Gletscher (Abbildung). Er schiebt sich täglich (!) 40 cm in den Lago Argentino vor. Dabei brechen riesige Stücke ab und schwimmen als kühlblaue Eisberge im See: ein atemberaubendes Schauspiel.

Monumento Nacional los Pinguinos *(unten)*

In den warmen Sommermonaten treffen etwa 2500 Magellan-Pinguine (Abbildung) – die kleinste der existierenden Pinguinarten – nordöstlich von Punta Arenas an der sogenannten Magellanstraße ein. Ihre tatsächliche Größe variiert zwischen 50 und 70 cm und sie erreichen nur etwa 5 kg an Gewicht. Gut erkennbar sind sie durch einen schwarzweißen Kopf sowie einem schwarzen Streifen oberhalb ihrer Brust.

Parque Nacional Tierra del Fuego *(oben)*

Die Panamericana erreicht nun die Spitze Südamerikas – Feuerland. Die große Insel ist stark vergletschert und durch die Magellanstraße vom Festland getrennt. Sie bildet mit den vielen kleinen Inselchen das Feuerland-Archipel. Durch flaches Grasland, auf dem intensiv Schafzucht betrieben wird, geht es in den Süden, in den Parque Nacional Tierra del Fuego. Er zeichnet sich durch weite Moore, Wald und Lagunen aus.

Ushuaia *(unten)*

Mit Ushuaia am Beagle-Kanal ist das südlichste Ende aller Panamericana-Varianten erreicht, denn Ushuaia ist die südlichste Stadt der Welt. Die Stadt mit rund 30 000 Einwohnern ist ein lebhaftes Touristenzentrum und bietet alle Möglichkeiten – z. B. am Hafen (Abbildung) das glückliche Ende einer Reise auf der Panamericana gebührend zu feiern.

Die Straße der Konquistadoren

MEXIKO-STADT → TOLUCA → MORELIA → PARQUE NACIONAL PARICUTIN → GUADALAJARA → TEQUILA → TULA → MEXIKO-STADT

Diese Traumstraße führt auf den Spuren der Konquistadoren durch Zentralmexiko zu den Zeugnissen der Kolonialisten.

Mexiko-Stadt *(oben)*

Die Traumstraße beginnt in der mexikanischen Hauptstadt mitten im historischen Zentrum, wo sich die 650-jährige Geschichte der Stadt in präkolumbischen, kolonialen und modernen Bauwerken spiegelt. Am Zócalo, dem riesigen Platz, auf dem 1813 die erste Verfassung Mexikos verkündet wurde, geschieht dies bereits durch drei eng beieinander liegenden Sehenswürdigkeiten: Der Nationalpalast und die Kathedrale stehen direkt nebeneinander. Hinter der Catedral Metropolitana (Abbildung) wurde der Tempelbezirk von Tenochtitlán wieder freigelegt.

Toluca *(linke Seite unten)*

Nach nur gut 70 km gen Westen erreicht die Route Toluca, mit 2680 m die am höchsten gelegene Großstadt des Landes. Während der Hauptplatz und die umliegenden Straßen durch die Kolonialarchitektur bestechen, liegt an der Plaza Garibay ein ganz besonderes Jugendstilgebäude: Ursprünglich diente es als Markthalle, aber seit den 1970er Jahren gedeihen hinter den wunderschönen Fenstern die Pflanzen des botanischen Gartens (Abbildung).

Morelia *(oben)*

Die Traumstraße nähert sich nun von Osten der Stadt Morelia, die ihre Besucher mit einem 1600 m langen Aquädukt von 1789 empfängt. Noch eindrucksvoller präsentiert sich das Zentrum als eines der schönsten Beispiele herausragender Kolonialarchitektur. Charakteristisch ist der rotbraune Trachyt, aus dem nicht nur die Kathedrale erbaut ist, sondern alle Gebäude, so dass auch neuere Bauwerke das geschlossene Bild nicht stören.

Parque Nacional Paricutín

(oben)

Nur eine Kirche hat die Folgen des Ausbruches des Vulkans Paricutín (Abbildung) 1952 in der Ebene nordwestlich von Uruapan del Progreso überlebt – die Häuser von San Juan Parangaricutiro sowie die Felder wurden unter der Lava begraben und die Bevölkerung musste sich der natürlichen Gewalt beugen und siedelte notgedrungen um.

Guadalajara *(Mitte)*

Richtung Nordwesten führt die Traumstraße am Laguna de Chapala vorbei nach Guadalajara. An der Plaza de la Liberación (Abbildung) steht nicht nur die Kathedrale, sondern auch das Teatro Degollado, ein neoklassizistischer Bau mit fantastischen Fresken im Bereich der Kuppel. Weltkulturerbequalität haben jedoch die Fresken von José Clemente Orozco im Kulturinstitut de Cabañas. Temperamentvolle Fiestas werden auf dem El Parian gefeiert.

Tequila *(unten)*

Schon die ganze Strecke begleitet der Tequila die Reise, allerdings in flüssiger Form. Hinter Guadalajara beginnen nun riesige Felder mit Maguey-Agaven (Abbildungen), aus denen Tequila gebrannt wird. Dazu werden die fleischigen Blätter abgehackt, das Herz wird im Dampfofen gekocht und entsaftet, zum Gären versetzt und zum Abschluss zweimal destilliert. Seinen Namen erhielt der hochprozentige Branntwein von der Stadt Tequila, die natürlich Führungen und Verkostungen in Destillerien anbietet.

Tula *(rechte Seite oben)*

Gut 400 km geht es nun südöstlich Richtung Mexiko-Stadt nach Tula. Die einstige Hauptstadt der Tolteken ist für ihre Atlanten (Abbildung) berühmt, 4,60 m hohe Kriegerfiguren aus schwarzem Basalt. Sie stützten ehemals das Dach des Tempels vom Morgenstern, der sich auf einer fünfstufigen Pyramide befindet. Tula war zwischen 900 und 1100 eine blühende Stadt, deren Bewohner nach Kämpfen und Bränden vermutlich ausgewandert sind.

Mexiko-Stadt *(unten)*

Die Fundfahrt durch das Land der Konquistadoren neigt sich ihrem Ende zu. Schon von weitem ist der schneebedeckte Gipfel des Popocatépetl (Abbildung) im Südosten von Mexikos Hauptstadt zu sehen. Mit 5452 m ist er der zweitgrößte Vulkan des Landes. Seine Besteigung ist ein einmaliges Erlebnis, allerdings nur unter kundiger Führung, denn seit der Jahrtausendwende ist der „rauchende Berg“ – das bedeutet der Name übersetzt – wieder aktiv.

Auf den Spuren der Maya

MERIDA → CHICHEN ITZA → TULUM → BARRIER REEF → TIKAL → QUIRIGUA → CHICHICASTENANGO

Diese Traumstraße folgt den Spuren der Maya, deren Kultur ihr Zentrum in Südmexiko, Belize und Guatemala hatte, und verbindet sie mit Interessantem aus der Kolonialzeit und Imposantem aus der Natur.

Mérida *(unten)*

Diese Traumstraße hat ihren Startpunkt ganz im Norden der mexikanischen Halbinsel Yukatan in Mérida. Mittelpunkt der rechtwinklig angelegten Stadt ist die Plaza Mayor. Hier lässt sich nicht nur das Leben in der Großstadt gut beobachten. Auch fast alle bedeutenden Gebäude sind hier zu besichtigen, darunter die Kathedrale, das Museum zeitgenössischer Kunst im ehemaligen Erzbischöflichen Palast, der Regierungspalast, das Rathaus (Abbildung) und die Casa Montejo.

Chichén Itzá *(rechte Seite oben)*

Etwa 120 km östlich von Mérida bietet die Reise einen absoluten kulturellen Höhepunkt, der weltweit einzigartig ist: Chichén Itzá war 700 Jahre lang eine Kultstätte der Maya, einer Hochkultur, die ab 2000 v. Chr. in Mexikos Süden entstand und mit der spanischen Eroberung 1550 erlosch. Bis heute zeugen u. a. die Stufenpyramide El Castillo (Abbildung), der Kriegertempel und die Gruppe der tausend Säulen von der Bedeutung dieses untergegangenen Volkes.

Tulum *(rechte Seite unten)*

Eigentlich wäre die Mayastadt Tulum verglichen mit den anderen Maya-Relikten nicht erwähnenswert. Doch ihre fantastische Lage auf einer Klippe über dem karibischen Meer (Abbildung) macht sie einzigartig, denn von den Maya ist keine andere Stadt am Meer erhalten. Von Chichén Itzá kommend, wird Tulum zum Land hin durch eine Mauer gesichert und schützt unter anderem das Castillo und den Tempel der Fresken.

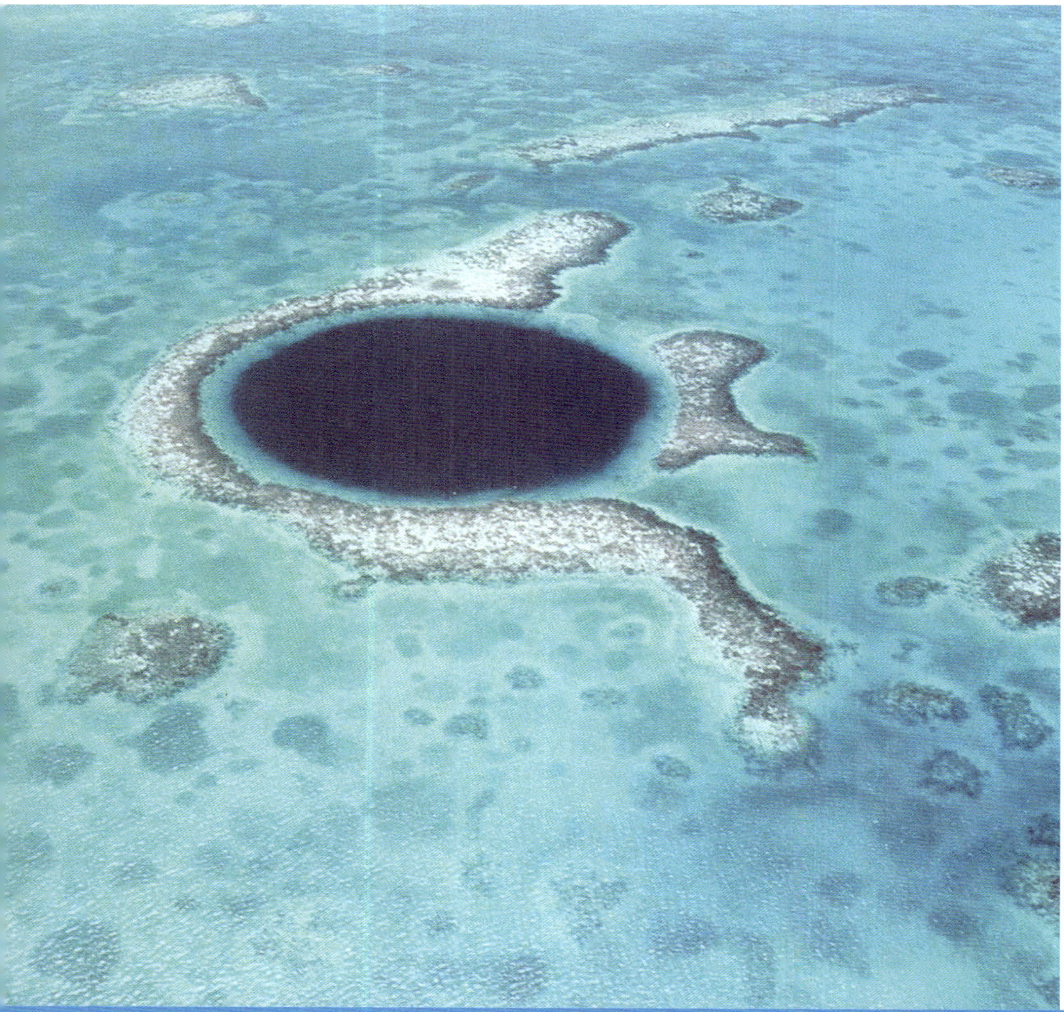

Barrier Reef *(oben)*

Die Traumstraße führt weiter nach Süden und überquert bei Chetumal die Grenze zu Belize. Hinter Belize City beginnt das Barriereriff, das mit seinen 25 km Länge das zweitgrößte der Welt ist. Es ist ein Paradies für Taucher und Schnorchler und die schönen Strände bieten Erholung vom Kulturgenuss. Besonders eindruckvoll ist ein Flug über das Riff, denn nur so ist das kreisrunde Blue Hole (Abbildung) zu sehen, das sich dunkel vom übrigen Meer abhebt, weil es viel tiefer ist.

Tikal *(unten)*

Weiter westlich im Inland liegt inmitten eines Nationalparks die bekannteste Mayastadt Guatemalas. Beim Spaziergang durch die Ruinen von Tikal trifft man deshalb oft auch auf Tiere wie Affen oder Ameisenbären. Sie haben in dem 16 km^2 großen Gebiet und zwischen den rund 3000 Ruinen genug Möglichkeiten, sich vor den Touristen zu verstecken. Denn nicht überall ist das Gelände so gepflegt wie auf der Großen Plaza mit dem majestätischen Tempel I (Abbildung).

Quiriguá *(oben)*

Richtung Südosten führt die Reise fast bis an die Grenze zu Honduras heran nach Quiriguá. Das antike Mayazentrum befindet sich ein Stück hinter dem modernen Ort und fasziniert weniger durch Tempel, sondern durch die riesigen Stelen – wie der Stele E (Abbildung) – und Altäre. Sie sind über und über mit Reliefs von Tieren und Mischwesen aus Mensch und Tier bedeckt, aber auch mit Texten und Bildern der Herrscher.

Chichicastenango *(unten)*

Den Schlusspunkt auf dieser Route setzt die sich auf einer Anhöhe von 1965 m befindende Stadt Chichicastenango. Nicht versäumen sollte man die farbenfrohen Märkte (donnerstags und sonntags), auf denen die Bewohner der Stadt ihre Ware feilbieten. Ein Fest für die Augen sind auch die regelmäßig stattfindenden rituellen Maskentänze, da sich die kräftig bunte Kolorierung der Kostüme fantastisch von den strahlend weißen Gebäuden abhebt.

Weg der Zeit – Nan Cuna

CUZCO → PISAC → MACHU PICCHU → SILLUSTANI → PUNO → TITICACASEE → LA PAZ → SUCRE → POTOSI

Der Nan Cuna, der Weg der Zeit, war einst eine der wichtigsten Inka-Fernstraßen. Er verlief 5200 km von Ancasmayo in Kolumbien bis nach Río Maule in Chile. Das Teilstück zwischen Huancayo bis Potosí bietet heute quirlige Indianermärkte, fantastische Andenlandschaften und gewaltige Ruinenstädte dieser verloschenen indianischen Hochkultur.

Cuzco *(links)*

Durch eine fantastische Landschaft führt der Weg nach Cuzco. Die ehemalige Inkahauptstadt wurde durch die Kolonisten zu einer katholisch geprägten Stadt, die bekannt ist für ihre Fronleichnamsprozession und die zahlreichen Kirchen und Klöster. Allen voran geht die Kirche La Compañia de Jesús an der Plaza de Armas (Abbildung), die als die schönste gilt, obwohl sie direkt mit der Kathedrale am selben Platz konkurrieren muss.

Pisac *(rechte Seite unten links)*

Der Stadtkern der etwa 33 km von Cuzco entfernten kleinen Ortschaft Pisac ist in zwei Teile unterteilt: In die eigentliche Stadt und den heiligen Bezirk. In diesen heiligen Bezirk gelangt man über eine Treppe von den Häusern zum höchsten Plateau hinauf. Zentral im Tempelbereich gelegen stößt man auf den Intihuatana, einen, im Sinne der Inkas, „heiligen" Felsbrocken. Auf den Märkten in der Stadt kann man Musikinstrumente, wie Flöten oder Schmuck aber auch Kleidung erwerben.

Machu Picchu *(oben)*

Die legendäre Inkastadt Machu Picchu ist nicht nur der Höhepunkt jeder Perureise, sondern gehört weltweit zu den bekanntesten Sehenswürdigkeiten einer untergegangenen Hochkultur. Denn die fantastische Lage in Terrassen auf einem Felssporn über dem Urubambatal, der gute Zustand und die Größe der Felsenstadt mit ihren Tempeln und Palästen und nicht zuletzt das Geheimnis, das diesen Ort umgibt, verbinden sich zu einer einzigartigen Anziehungskraft.

Sillustani *(unten rechts)*

Auf dem Weg von Machu Picchu Richtung Titicacasee führt der Weg an einer architektonischen Attraktion vorbei: an den Grabtürmen von Sillustani (Abbildung). Die Chullpas genannten, aus Lehmziegeln erbauten, 12 m emporragenden Türme, entstammen der Prae-Inka-Periode und waren einst die Grabstätten ihrer Machthaber.

Puno *(oben links)*

Der Weg der Zeit führt weiter südöstlich über den 4338 m hohen Pass La Raya ins Altiplano, jene Andenhochebene, die bis nach Bolivien reicht. Ab Juliaca liegt links der Titicacasee und dann ist Puno erreicht. Zu Maria Lichtmess findet hier alljährlich mit vielen bunten Umzügen in den Straßen die Fiesta de la Virgen de la Candelaria statt. Wer das verpasst, sieht vielleicht die Umzüge der Puno-Woche, der Osterprozession oder nimmt mit dem täglichen, sehr authentischen Markt vorlieb.

Titicacasee *(oben rechts)*

Puno ist ein guter Ausgangspunkt, um den Titicacasee (Abbildung) zu erkunden. Er ist der am höchsten gelegene See der Welt und der größte See Südamerikas. Er verfügt über mehrere Inseln, darunter einige mit interessanten Inka-Ruinen. Eine besondere Sehenswürdigkeit sind aber die schwimmenden Inseln aus Schilf der Uro-Indianer. Besonders bei Frauen beliebt ist ein Ausflug zu den strickenden Männern der Insel Taquile.

La Paz *(unten)*

Der Weg der Zeit bietet auf der Strecke von Puno über die Grenze zu Bolivien nach La Paz fantastische Aussichten auf die Cordillera Real. Als größte und höchstgelegenste Stadt Boliviens, die gleichzeitig Regierungssitz ist – die Hauptstadt ist Sucre –, bietet La Paz eine Mischung aus Tradition und Moderne. Dies schlägt sich auch im Stadtbild aus Wolkenkratzern und armseligen Hütten nieder.

Sucre *(oben)*

Gegenüber La Paz ist die um zwei Drittel kleinere Hauptstadt Sucre ein angenehmer Urlaubsort, den die Bolivianer sehr schätzen. Das liegt zum einen am angenehmen Klima und zum anderen an der wunderschönen kolonialen Altstadt. Sie ist gepflegt und schön grün – ideal zum Flanieren und Genießen. Der sonntägliche Markt mit seinem bunten Gewimmel bildet das Pendant zum Kolonialflair. Und auf der Plaza de Recoleta (Abbildung) kann man sich ungestört einem Sonnenbad hingeben und genießen.

Potosí *(unten)*

Die Silberstadt Potosí bildet den Abschluss dieser Traumstraße. Sie wurde 1545 in dieser Höhe von 4000 m gegründet, weil es hier Silber gab. Dadurch wurde die Stadt im 17. Jahrhundert sehr reich und groß (Abbildung). Das kann man bis heute an der Altstadt mit ihren schönen Kolonialgebäuden und an der reichen Ausstattung der Kirchen sehen. Auch den Ursprung des Reichtums, die Silberminen kann man besichtigen.

AUSTRALIEN UND OZEANIEN

Der kleinste und trockenste Erdteil liegt auf der Südhalbkugel zwischen dem Indischen Ozean und dem Pazifik: Australien. Durch seine isolierte Lage konnten sich in dem weiten und oft gleichförmigen Land Tiere und Pflanzen entwickelt, die es nirgendwo sonst auf der Welt gibt wie Känguru, Koala und Schnabeltier. Zu Ozeanien werden mit Neuseeland und Neuguinea über 7500 Inseln im Pazifik gerechnet, von denen weniger als ein Drittel bewohnt sind. Viele sind vulkanischen Ursprungs, manche wurden durch Korallen gebildet. Das heiße tropische Klima wird durch den Seewind erträglich und die Passatwinde bringen genug Regen, so dass es grünt und blüht. Mancher Reisende meint gar, er befände sich im Paradies.

Durch Australiens wilden Westen

MARGARET RIVER → HYDEN → PERTH → CERVANTES → KALBARRI NATIONAL PARK → SHARK BAY MARINE PARK → NINGALOO REEF MARINE PARK → KARIJINI NATIONAL PARK

Wer die Natur liebt und die Einsamkeit sucht, ist auf dieser Traumstraße entlang der australischen Westküste genau richtig, die fast mehr lange leere Strände als Motels besitzt.

Margaret River *(links)*

Einstimmen kann man sich auf diese traumhafte Reise durch Australiens „wilden Westen" mit einem erfrischenden Glas Wein, das man auf dem Voyager Weingut (Abbildung) im malerisch gelegenen Weinanbaugebiet Margaret River bei strahlendem Sonnenschein zu sich nehmen kann. Margaret River ist ein anziehender kleiner Ort, der auch mit einer wildromantischen Felsenküste aufwartet, vor der man auch herrlich surfen kann.

Hyden *(oben)*

Die Traumstraße beginnt mitten in der Ödnis mit einem weltweit einzigartigen Naturmonument, dem Wave Rock (Abbildung). Dieser 15 m hohe und 100 m lange Felsen, der haargenau so aussieht, wie eine Riesenwelle kurz vor dem Umschlagen, ragt unvermittelt – wie eine Mauer – aus dem Boden auf 2,7 Milliarden Jahre benötigte unser Planet, um lediglich mit Hilfe von Wind und Regen dieses fantastische Kunstwerk zu schaffen.

Perth *(unten)*

Gegen ein solches Naturmonument wie den Wave Rock wirkt alles Menschenwerk klein und unbedeutend, selbst wenn es sich um Australiens Metropole der Millionäre, Perth, handelt (Abbildung). Dabei ist Perth eine kurzweilige und vielseitige Stadt, die sowohl neue Wolkenkratzer als auch historische Gebäude wie das Old Court House oder den London Court im Tudorstil bietet und natürlich Museen, Hochschulen, Geschäfte, Restaurants und, und, und ...

Cervantes *(oben)*

Weiter Richtung Norden ist das 500-Seelen-Dorf Cervantes die nächste Station, die jeder ignorieren würde, gäbe es nicht auch hier Meisterwerke der Natur zu besichtigen: Aus dem hellen Wüstensand ragen zahlreiche 3–5 m hohe Säulen aus weißem Kalkstein wie stumpfe Zähne auf (Abbildung) und verblüffen selbst Experten durch ihre bloße Anwesenheit. Man weiß inzwischen, dass die Pinnacles erst vor 15 000 bis 80 000 Jahren entstanden sind, aber die Ursache ihres Entstehens bleibt unbekannt.

Kalbarri National Park *(unten)*

Von Cervantes über Geraldton immer weiter nördlich erreicht man den Kalbarri National Park – ein Park, der mit vielfältigen Attraktionen aufwartet. Dieser bietet nämlich neben Kliffs von rauer Schönheit, bizarr anmutenden Felsformationen oder abenteuerlich tiefen Schluchten auch Areale mit wild blühender Vegetation in den leuchtendsten Farben. Zudem laden nahezu unberührte Sandstrände zu einem genüsslichen Sonnenbad – bei dem man einfach die Seele baumeln lassen kann – oder zu einem spritzigen Ritt mit dem Surfboard über die Wellen ein.

Shark Bay Marine Park *(oben)*

Nach 800 km erreicht die Traumstraße eines der bedeutendsten Naturschutzgebiet Australiens: Das Weltkulturerbe von Shark Bay. Es umfasst die Peron-Halbinsel und die vorgelagerten Inseln und vor allem die Unterwasserwelt. Bei Hamlin Pool bilden die ältesten bekannten Lebewesen der Erde, sogenannte Stromatolithen (Mikrobenart, Abbildung), Kalkablagerungen, die aus dem Wasser ragen. Die Stromatolithen gab es bereits vor 3,5 Milliarden Jahren – und die dafür verantwortlichen Mikroben auch.

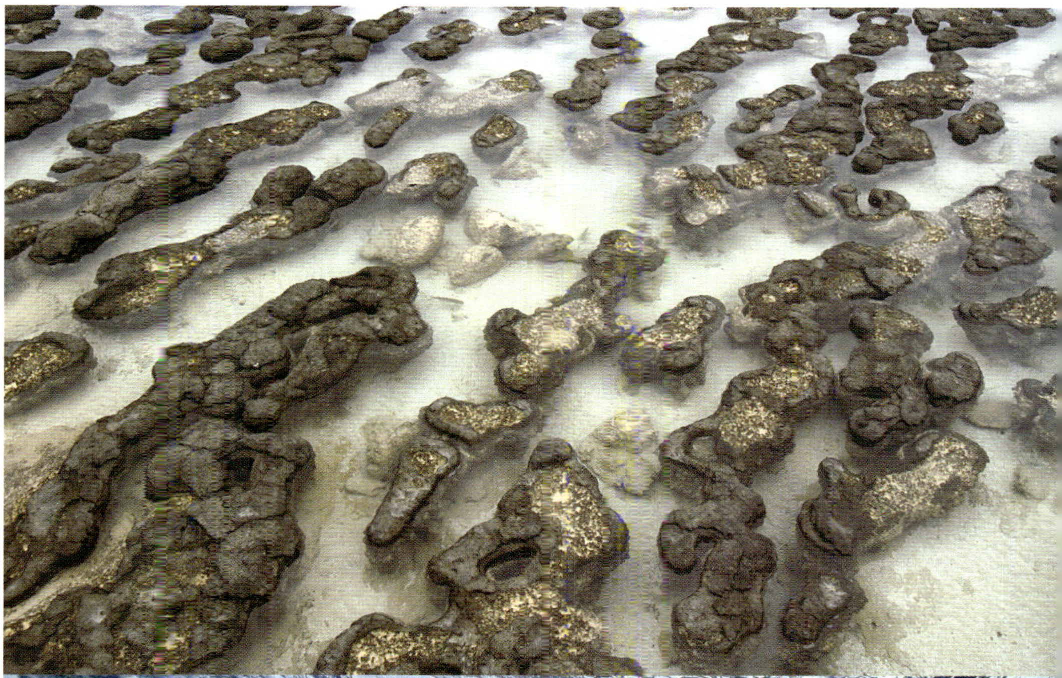

Ningaloo Reef Marine Park *(Mitte)*

Wer zwischen März und Juni unterwegs ist, wird vielleicht ein ganz besonderes Abenteuer wagen: Überall an der Küste zwischen dem Ningaloo Reef Marine Park und Exmouth werden Exkursionen zum Schwimmen mit Walhaien angeboten (Abbildung). Aber auch den Rest des Jahres über ist das Ningaloo Reef ein exzellentes Tauch- und Schnorchelrevier, das mit seinen gut 250 Korallen- und über 500 Fischarten einen Unterwasserrausch aus Farben und Formen garantiert.

Karijini National Park *(unten)*

Weg von der Küste Richtung Westen geht es in die Karijini-Berge und den gleichnamigen Nationalpark. Hochebenen mit tief eingeschnittenen Schluchten und Wasserfälle, die in erfrischende Seen münden, und immer wieder der rot leuchtende Fels machen eine Wanderung durch dieses Gebiet zum Naturerlebnis erster Güte. Beim Oxer's Lookout bietet sich ein Panoramablick auf fünf Schluchten!

Den Stuart Highway entlang

KANGAROO ISLAND → PORT AUGUSTA → FLINDERS RANGES NATIONAL PARK → COOBER PEEDY → AYERS ROCK → WATARRKA NATIONAL PARK → KAKADU NATIONAL PARK → DEVILS MARBLES

Über den Stuart Highway durch South Australia ins Northern Territory zu fahren, ist eine Reise durch flirrende Hitze zu den großartigsten Naturschönheiten, die unsere Erde zu bieten hat.

Port Augusta *(unten)*

Mit der Fähre geht es über die Backstairs Passage nach Cape Jervis und weiter über Adelaide nach Port Augusta. Die Stadt mit ihrem hübschen alten Kern gilt als Tor zum Outback und präsentiert mit den Australian Arid Lands Botanic Gardens die passende Einstimmung: Hier kann man sich in aller Ruhe über die Pflanzen in den australischen Trockengebieten informieren – und hoffen, dass man auf der späteren Reise den einen oder anderen Namen noch weiß. Bekannt ist hingegen der Eukalyptus (Abbildung), den man hier auch von April bis Juni mit prächtig rot-leuchtendem Blütenschmuck bewundern kann.

Kangaroo Island *(oben)*

Diese Traumstraße beginnt bei den Kängurus, und zwar auf Kangaroo Island. Die drittgrößte Insel Australiens hat aber neben Heerscharen dieser hüpfenden Beuteltiere auch noch anderes zu bieten, darunter die Seelöwenkolonie an der Seal Bay, eine tolle Küste mit wunderbaren Stränden und eindrucksvollen Felsformationen oder auch Tropfsteinhöhlen.

Flinders Ranges National Park *(oben)*

Über die Ortschaften Quorn und Hawker gelangt man von Port Augusta aus zum 950 km² großen Flinders Ranges National Park, der mit einer Bergkette von 400 km aufwartet. Dieser Abstecher lohnt sich insofern als der Wilpena Pound in diesem Park doch zu den bedeutendsten Naturwundern Australiens zählt. Hohe zerklüftete Felsen, 17 km lang und 7 km breit, lassen aufgrund ihres ringförmigen Arrangements an ein Amphitheater denken. Bei einem Besuch im Frühjahr findet man in den Tälern und Schluchten eine üppig blühende Vegetation in den sattesten Farben vor. Auch den in Australien beheimateten Grasbaum (Abbildung) trifft man hier an.

Coober Peedy *(unten)*

„Weißer Mann im Erdloch", „Kupa Piti", nannten die Aborigines den Ort, an dem Weiße zuerst nach Gold, später nach Opalen gruben. Noch heute ist Coober Peedy eine „Digger-Stadt" – worauf schon das Warnschild am Ortseingang nachdrücklich hinweist (Abbildung) – und die meisten Einwohner arbeiten für und in Edelsteinminen. Aber sie arbeiten nicht nur unter Tage, sondern wohnen auch dort: „Dugouts" heißen die großen, in die Erde hinein gebauten Wohnungen und Häuser, die sowohl in den frostigen Wintern als auch den heißen Sommern angenehm klimatisiert sind.

Ayers Rock *(oben)*

Mit dem Northern Territory erreicht der Stuart Highway das Australien der Abenteurer. Absolutes Highlight ist ein Besuch des Ayers Rock (Abbildung), dem Wahrzeichen Australiens. Die Aborigines nennen diesen größten Inselberg der Erde „Uluru". Er ist ihnen heilig und eine Besteigung kommt aus ihrer Sicht einer Schändung gleich. Wer den Berg bei Sonnenauf- oder -untergang besucht und sich von der Faszination seines roten Glühens berühren lässt, wird ebenso denken.

Watarrka National Park *(unten)*

Folgt man dem Stuart Highway ab Henbury in nordwestlicher Richtung, stößt man am westlichen Ausläufer der George Gill Range auf den Kings Canyon (Abbildung) – der wohl eindrucksvollsten Sehenswürdigkeit im Watarrka National Park. Im Sonnenlicht erglühen die steil zum Grund der Schlucht hin abfallenden, 200 m hohen, Sandsteinwände, die mit Zeichnungen der Aborigines verziert sind, in warmen Pastelltönen. Das zumeist trockene Flussbett im Tal der Schlucht liefert dennoch ausreichend Wasser, um einer wirklich bemerkenswerten Flora und Fauna das Überleben zu sichern.

Kakadu National Park *(oben)*

Empfehlenswert ist der Besuch des Kakadu National Parks, der zwischen Pine Creek und der Hafenstadt Darwin liegt. Alle Sinne werden hier angesprochen und „verwöhnt": Die Eukalyptusbäume entlang der Wanderpfade verströmen ihren starken, würzigen Duft, Lotusblüten bilden mit ihren pastelligen bis kräftigen Farben einen reizenden Kontrast zum leuchtenden Blau des Himmels, das Rauschen der beeindruckenden Wasserfälle an der Abbruchkante des Arnhem Land Plateaus entfacht gleichsam ein Gefühl von Aufregung und Beruhigung und wer Glück hat, kann auch einen der Namensgeber des Parks erspähen (Abbildung).

Devils Marbles *(unten)*

Weiter geht es durch das Outback bis zu der Stelle, wo der Teufel höchstpersönlich Murmeln gespielt – und nicht aufgeräumt hat. Das denken zumindest die Weißen über die riesigen, kugelförmigen Felsblöcke (Abbildung), die auf einem Areal von 1800 Hektar verstreut herumliegen. Die Aborigines wissen es besser: Die heilige Regenbogenschlange hat ihre Eier in Form dieser Felsbrocken gelegt, bevor sie sich zum Uluru, dem Ayers Rock, zusammenrollte. So oder so: Der Anblick ist ein großartiger Abschluss dieser Traumstraße.

Auf dem Bruce Highway unterwegs

BRISBANE → MOOLOOABA WHARF → FRASER ISLANDS → BUNDABERG → EUNGELLA NATIONAL PARK → TOWNSVILLE → GREAT BARRIER REEF → CAIRNS

Queenslands Küste auf dem Bruce Highway zu erkunden, bedeutet Australien im Taschenformat zu entdecken, denn hier gibt es auf kleinem Raum fast alles, was der Kontinent sonst auf einer riesigen Fläche bietet.

Brisbane *(oben)*

Der Bruce Highway startet in Australiens drittgrößter Stadt Brisbane (hinter Sydney und Melbourne), die trotz ihrer 1,5 Millionen Einwohner kein Moloch ist. Alles wirkt gepflegt und einladend, das tropische Klima scheint ein entspanntes Lebensgefühl hervorzurufen. Das Zentrum am Südufer des Brisbane Rivers ist übersichtlich, Museen, Parks, Cafes, Restaurants und Badestrand sind fußläufig zu erreichen – enjoy and relax.

Mooloolaba Wharf

(linke Seite unten)

Die Route führt Richtung Norden die Sunshine Coast entlang. Dieser wunderschöne Küstenabschnitt mit seinem weißen Sandstrand und dem türkisgrünen Meer hat sich vom Hippieziel zur bekannten Ferienregion gemausert. Egal ob Caloundra, Mooloolaba oder Maroochydore, um nur einige der sympathischen Urlaubsorte zu nennen, alle sind gesegnet mit einer Mixtur aus Stränden, Promenaden, Restaurants und Bars. Ist man auf der Suche nach Abenteuer, kann man hier auch auf „Tuchfühlung" mit größeren Haiexemplaren (Abbildung) gehen.

Fraser Islands *(oben)*

Weiter geht es Richtung Norden und von River Heads mit der Fähre – ins Paradies. Das ist die Übersetzung von „K'gari", dem alten Namen der Ureinwohner für Fraser Island. Und tatsächlich: Auf der größten Sandinsel der Welt (Abbildung) gibt es dichte, saftiggrüne Wälder, mehr als 40 Süßwasserseen und hohe Dünen. Was braucht man mehr im Paradies? Nur noch einen Allradwagen zur Erkundung.

Bundaberg *(unten)*

Von Januar bis März bietet der Mon Repos Beach bei Bundaberg ein besonderes Naturerlebnis: In dieser Zeit kriechen des Nachts die Meeresschildkrötenweibchen mühsam mit ihren Flossen den Strand hinauf, graben ein Loch in den Sand und legen ihre Eier hinein. Nachdem sie das Nest zugescharrt haben, watscheln sie zurück und verschwinden im Pazifik. Außerhalb dieser Zeit trösten traumhafte Badestrände und nicht zuletzt der berühmte Bundy-Rum, der in Bundaberg destilliert wird, darüber hinweg, die Schildkröten verpasst zu haben.

Eungella National Park *(oben)*

Weitere 360 km nördlich lohnt sich bei Mackay ein Abstecher vom Bruce Highway in den Eungella National Park. Das „Land der Wolken" – so die Übersetzung von Eungella – befindet sich in der bis 1200 m hohen Clarke Range und überrascht den Besucher nach so viel Sonne und Trockenheit mit Wolken. Genauer gesagt handelt es sich um nebligen Regenwald in den höheren und tropischen Regenwald in den niedrigen Lagen. In diesem Park kann man überdies das selten anzutreffende Schnabeltier.

Townsville *(oben)*

Vom „Land der Wolken" in die mit 140 000 Einwohnern größte Stadt der australischen Tropen und damit in die Zivilisation: Die Flinders Mall im Kern der Stadt garantiert ein unbegrenztes Shopping-Vergnügen, man kann prächtige Häuser aus Goldgräberzeiten bewundern – oder von einer Erderhebung aus einen fantastischen Blick über die Stadt (Abbildung) genießen.

Great Barrier Reef
(linke Seite unten)

Hinter Townsville führt der Bruce Highway an einem absoluten Naturhöhepunkt vorbei, der weltweit unübertroffen ist und zum Weltnaturerbe zählt: Das Great Barrier Reef ist mit 2000 km das größte lebende Korallenriff (Abbildung) der Erde! Hier leben 1500 Fisch-, 450 Korallen-, 4000 Weichtier-, 6 Schildkröten- und 24 Vogelarten. Am Großen Barriereriff zu tauchen, ist der Traum jedes Tauchers. Aber auch Nichttaucher können sich auf Green Island im Unterwasserobservatorium an der Vielfalt des ozeanischen Lebens erfreuen.

Cairns *(unten)*

Kurz bevor der Bruce Highway in Cairns endet, liegt zwischen Innisfail und Cairns im Inland das Atherton Tableland. Fruchtbare Vulkanerde und viel Regen fördern die Vegetation in diesem Hochland und dort, wo die Gegend nicht landwirtschaftlich genutzt wird, wächst Regenwald und es gibt viele Wasserfälle. Egal ob Millaa Millaa Falls (Abbildung), Millstream, Zillie oder Ellinjaa – die Kraft des stürzenden Wassers ist ein schöner Abschluss dieser Traumstraße.

Der Pacific Highway

SYDNEY → BLUE MOUNTAINS → HUNTER VALLEY → NELSON BAY → DORRIGO NATIONAL PARK → BYRON BAY → SURFERS PARADISE

Entlang und parallel zur Küste von New South Wales verbindet der Pacific Highway das entspannte Badeleben an schönen Stränden mit spannenden Naturerlebnissen.

Sydney *(linke Seite)*

Diese Reise beginnt in Australiens Weltmetropole Sydney. Hier pulsiert das Leben wie nirgendwo sonst im Land und jeder findet, was er braucht. Ob es die Wahrzeichen Opera House (Abbildung), Harbour Bridge oder Sydney Tower sind oder Paddington mit seinen Terrassenhäuschen, exklusives Shopping im Queen Victoria Building oder Baden und Surfen am Bondi Beach – „Sydney is the place to be", so die Meinung der Bürger über ihre fantastische Stadt.

Blue Mountains *(oben)*

Nur gute 65 km nordwestlich liegen die Blue Mountains, ein Ausläufer der Great Dividing Range. Ihren Namen erhielten die durch dichten Eukalyptus-Wald und bizarre Felsformationen charakterisierten Berge, weil sie immer leichter bläulicher Nebel umgibt. Er stammt vom Eukalyptus-Öl. Eine der Sehenswürdigkeiten sind drei riesige Steinsäulen, die Three Sisters (Abbildung) genannt werden, weil hier ein Vater seine drei Töchter zu Stein erstarren ließ, damit sie nicht zu ihren Geliebten konnten – das zumindest meinen die Aborigines.

Hunter Valley *(unten)*

Von den Blue Mountains zur Küste hin fällt das Land in sanft gewellten grünen Hügeln ab, die Australiens ältestes Weinbaugebiet darstellen. Noch flacher wird die Landschaft im unteren Hunter Valley, wo rund um Cessnock die bekanntesten Weingüter liegen. Schon der Anblick der oft wunderschönen Herrenhäuser verzaubert und eine Weinprobe erst recht. Großer Betrieb herrscht während der Weinlese im Februar und März, wenn auch das Hunter Valley Vintage Festival stattfindet.

Nelson Bay *(oben)*

Der Pacific Highway führt zwar parallel zur Küste entlang gen Norden, aber oft sind es kleinere Straßen, die direkt zum Wasser und zu den Badeorten führen. Zwischen Nelson Bay und Hawks Nest liegt tief eingeschnitten der Naturhafen Port Stephens. In dieser Bucht kann man mit Delfinen schwimmen, ein Erlebnis, das so einzigartig und nachhaltig ist, dass es in Bassins auch als Therapie für schwerbehinderte Kinder eingesetzt wird.

Dorrigo National Park *(unten)*

Von Port Stephens aus gelangt man auf dem Pacific Highway in nördlicher Richtung über Port Macquarie zum Dorrigo National Park, der, wie der New England National Park, zum Bestandteil der East Coast Temperate and Subtropical Rainforest Parks zählt. Flora und Fauna dieses Parks zeichnen sich durch eine erstaunliche suptropische Vielfältigkeit aus; man wandelt entlang an wild wachsenden Moosen, Farnen oder Eukalyptusbäumen, erfreut sich an dem farbenprächtigen Gefieder der exotischsten Vögel und lässt sich verzaubern durch deren melodischen Gesang. Auch eindrucksvolle Wasserfälle (Abbildung) kann man hier bestaunen.

Byron Bay *(oben)*

Auf dem Pacific Highway geht es weiter an der australischen Ostküste nach Norden bis Byron Bay. Wie viele Orte an der Küste wurde auch dieser zuerst von den Rucksacktouristen entdeckt und hat sich dann zum sympathischen Badeort für jedermann entwickelt. Besondere Attraktion ist der Leuchtturm auf Cape Byron (Abbildung). Er sieht nicht nur selbst malerisch aus auf der kleinen Landzunge, sondern bietet vor allem ein fantastisches Panorama, das bis zu den Regenwäldern des Tweed-Schildvulkans reicht.

Surfers Paradise *(unten)*

Die letzte Station auf dem Pacific Highway, der in Brisbane endet, ist Surfers Paradise an der Gold Coast in Queensland (Abbildung). Mit Hilfe von Sonne, Surfen und Sand ist in den letzten 50 Jahren der populärste Ferienort Australiens entstanden, der mit seinen Hotelhochhäusern und seinem Rund-um-die-Uhr-Unterhaltungsangebot nicht jedem gefällt. Doch das angenehme Klima – im Winter warm, im Sommer nicht zu heiß – hat bis heute seine Anziehungskraft nicht verloren.

Auf erdgeschichtlichen Spuren

AUCKLAND → NEW PLYMOUTH → MOUNT TARANAKI → WELLINGTON → TONGARIRO NATIONAL PARK → ROTORUA → TAURANGA → WHITE ISLAND

Auf dieser Traumstraße über die neuseeländische Nordinsel nimmt die Ehrfurcht vor der Natur Gestalt an, denn die Aktivität des Planeten ist hier noch allerorten sichtbar.

Auckland *(linke Seite)*

An der Harbour Bridge, dem Wahrzeichen von Auckland, beginnt diese Traumstraße. Denn der Hafen (Abbildung) mit seinen unzähligen Segelbooten ist das Herz der größten Stadt Neuseelands. Das noch recht neue Maritime Museum unterstreicht dies. Im nahen Stadtzentrum stehen sich alte Gebäude wie das Old Customhouse oder die St. Patrick's Cathedral und moderne wie der Sky Tower mit seiner grandiosen Aussicht oft recht unvermittelt gegenüber.

New Plymouth *(links)*

Die Route führt die Westküste entlang Richtung Süden durch Felder und Weiden nach New Plymouth. An die Gründung der modernen Hafenstadt 1841 erinnert die St. Mary's Church von 1845. New Plymouth war eine der ersten europäischen Siedlungen auf der Nordinsel, und zwar auf einem Gebiet, das bereits seit 800 v. Chr. von Maoris, den Ureinwohnern Neuseelands besiedelt war; diese Spuren sind etwa in den Maorischnitzereien (Abbildung) heute noch zu sehen und zu bewundern.

Mount Taranaki *(rechts)*

Schon von New Plymouth aus war er zu sehen: Der Vulkankegel des Mount Taranaki (Abbildung), der früher Mount Egmont hieß, erhebt sich gleichmäßig aus der Ebene. Über 50 Flüsse entspringen an dem majestätisch wirkenden Berg und die Vegetation reicht von subtropisch am Fuße des Taranaki bis zu subalpin in Höhen von 1900 m. Deswegen ist dieser Lebensraum für zahlreiche sehr unterschiedliche Arten als Nationalpark geschützt. Doch klettern, Ski fahren und wandern sind erlaubt und garantieren fantastische Naturerlebnisse.

Wellington *(oben)*

Der Vulkan trennt die Nördliche von der Südlichen Taranaki-Bucht, deren Küste die Strecke nach Wellington folgt. Die Hauptstadt Neuseelands prägt moderne Architektur, denn mit dem Verweis auf mangelnde Erdbebensicherheit wurden in den 1980er Jahren die meisten alten Gebäude abgerissen. Immerhin bemühte man sich, zum Teil sehr gelungen, traditionelle Formen der Maori in die neuen Repräsentationsgebäude wie den Regierungssitz oder die Bibliothek einfließen zu lassen.

Tongariro National Park

(linke Seite unten)

Zurück Richtung Norden an Palmerston North vorbei und mittig über die Insel erreicht die Strecke die Berge des Tongariro National Park. Seine imposanten Vulkane bildeten die Kulisse im Film „Herr der Ringe". Die mineralischen Gesteine geben den Kraterseen (Abbildung) Farbe und vom namengebenden Tongariro reicht der Blick bis zum Lake Taupo im Norden, der mit seinen Stränden zum Baden einlädt.

Rotorua *(oben)*

Die Route führt hinab von den Höhen der Vulkane in die Region um Rotorua. Überall brodelt oder dampft es oder Wasser schießt als Geysir aus dem Boden. In der Stadt selbst gibt es nicht nur die Thermalquellen, die die Polynesian Pools speisen, sondern viele Häuser heizen mit Erdwärme und besitzen ihr eigenes Thermalbecken im Garten und nutzen so den Vulkanismus. Unbedingt sehenswert sind der Lake Rotorua und das nachgebaute Maoridorf Whakarewarewa, in dem man von Maori kunstvoll bearbeitete Eingangstüren bewundern kann.

Tauranga *(Mitte)*

Mit Tauranga ist die Bay of Plenty erreicht, die Küste, die viel zu bieten hat: von Regenwäldern und fruchtbaren Feldern über weiße Strände für Badefreuden und Wellen für Surfer bis hin zu Straßencafés und Restaurants oder dem beschaulichen Bath House im Government Garden – und den Mount Maunganui (Abbildung), der zwar nur gute 200 m hoch ist, aber eine schöne Silhouette an der Küste bei Tauranga bildet. Tauranga selbst ist einer der bedeutendsten Hafenorte von Neuseeland.

White Island *(unten)*

Ein unvergleichliches Erlebnis zum Abschluss dieser Traumstraße ist ein Hubschrauberflug von Whakatanes nach White Island. Die aktive Vulkaninsel liegt etwa 50 km vor der Küste und schon der Anblick von oben ist grandios: Krater, Schwefelbäche und Dämpfe, Fumarolen, Formen und Farben. Richtig abenteuerlich wird es, wenn der Hubschrauber mitten im Krater landet!

Durch das Südsee-Paradies

SIGATOKA → NADI (VITI LEVU) → TAVEUNI → NUKU'ALOFA → VAVA'U-GRUPPE → MU PAGOA FALLS → TAGA → SAFOTU

Naturgemäß ist das Verkehrmittel für eine Reise über die Inselstaaten Fidschi, Tonga und Samoa nicht das Auto, sondern das Schiff oder das Flugzeug. Somit handelt es sich im eigentlichen Sinne nicht um eine Traumstraße, sondern vielmehr um eine Traumstrecke – dafür führt sie mitten in das Paradies der Südsee und sollte in diesem Buch nicht fehlen.

Sigatoka *(oben)*

Diese traumhafte Reise beginnt auf Viti Levu, der größten Insel des Fidschi-Archipels. Rund um die abwechslungsreiche Insel führt die Queens Road, durch Gemüse- und Zuckerrohrfelder, aufgeforstete Pinienwälder, Regenwald und natürlich direkt an der Küste entlang mit wunderschönen Ausblicken auf das Meer. Auch vom Sigatoka-Fluss aus bieten sich dem Betrachter herrliche Ausblicke auf die Landschaft der Insel. Bei Sigatoka gibt es riesige Dünen, die mit Gras bewachsen sind und einen fantastischen Sandstrand verbergen.

Nadi (Viti Levu) *(unten)*

In dem Örtchen Nadi braucht man keinen Regenschirm – denn Nadi liegt im regenarmen Westen der Insel. Herrliche Sonnenbäder kann man hier also entspannt genießen! Die Mehrheit der auf der Insel lebenden 8000 Menschen hat indische Wurzeln. Dieser Einfluss macht sich insbesondere im kulinarischen Angebot bemerkbar. Auch gibt es einen sehr sehenswerten Hindu-Tempel (Abbildung), den man allerdings nur von außen besichtigen kann.

Taveuni *(oben)*

Ein Stück südöstlich von Vanua Levu liegt Taveuni, die Insel für Natur- und Tauchfreunde. Dichte Regenwälder bedecken bis zu 1000 m hohe Berge, deren Ausläufer für Kokos- und Kaffeeplantagen landwirtschaftlich genutzt werden. Neben dem 24 m hohen Wasserfall Bouma an der Ostküste (Abbildung) sind die Waterslides von Waitalava bei Besuchern sehr beliebt, eine 300 m lange natürliche Wasserrutsche. Taucher sehen von diesen Schönheiten der Insel oft gar nichts, weil sie keine Stunde in einem der besten Tauchreviere der Welt missen möchten.

Nuku'alofa *(unten)*

Richtung Osten geht es zum nächsten aus 170 Eilanden bestehenden Inselstaat, dem Königreich Tonga. Tonga ist der einzige Staat in der Südsee, der nie unter kolonialer Herrschaft stand. Auf Tongapatu, der drittgrößten Insel, gäbe es außer Sand, Meer und Kokospalmen nicht viel zu sehen, wäre nicht Nuku'alofa die Residenz des Königreiches. Der Palast (Abbildung) wurde 1867 komplett aus Holz errichtet.

Vava'u-Gruppe *(oben)*

Um die nächste Station dieser Reise zu erreichen, ist das Flugzeug das Verkehrsmittel der ersten Wahl. Denn bereits der Blick auf die Vava'u-Inselgruppe (Abbildung) ist umwerfend schön! Die Inseln sind auch bei Seglern sehr beliebt, da sich immer neue Perspektiven auf das Paradies zu eröffnen scheinen, das zudem sichere Ankerplätze bereithält. In jedem Fall gehören diese Inseln zu den schönsten Orten der Welt zum Baden, Schnorcheln oder Tauchen.

Mu Pagoa Falls *(unten)*

Nordöstlich geht es per Schiff oder Flieger über die Grenze nach Samoa. Diese Inselwelt hat sich bis heute ihre traditionelle Lebensweise in Form einer Stammeskultur erhalten, das Fa'a Samoa, obwohl sie ständig mit dem modernen American Way of Life konfrontiert wird. Noch weiter zurück in die Vergangenheit als Fa'a Samoa führt die prähistorische Pulemelei-Steinpyramide auf Savai'i. Und es gibt dort auch einen Wasserfall (Abbildung), den Mu Pagoa Falls, der zwar von der Größe her mit so manch einem der bekannteren Fälle nicht mithalten kann, dafür aber sehr reizvoll gelegen ist.

Taga *(oben)*

In der Nähe des Ortes Taga wird auf sehr eindrucksvolle Art und Weise deutlich, dass Savai'i eine vulkanische Insel ist. Die Felsküste besteht aus porösem schwarzem Lavagestein. Durch die Löcher drückt die starke Brandung das Meerwasser: Es kommt stark schäumend und gischtend in Fontänen wieder heraus – ein atemberaubender Vorgang, der nie auf die gleiche Art und Weise verläuft und dem man stundenlang zuschauen kann.

Safotu *(unten)*

Auf grausamere Art, aber nicht weniger eindrucksvoll hat der Vulkanismus an anderer Stelle auf Savai'i seine Spuren hinterlassen: Beim Mali'oli'o River liegt das Dorf Samalae'ulu und dahinter ein riesiges Lavafeld, das bereits Anfang des 20. Jahrhunderts bei Ausbrüchen des Vulkans Matavanu entstand und ein Dorf komplett unter sich begrub – bis auf die Kirche (Abbildung) und das Grab einer Jungfrau. Beide sind heute noch zu bewundern.

Register

Bildquellen

akg-images, Berlin
80 (u.), 81 (u.)

Bildarchiv Monheim GmbH, Krefeld
50 (o.)

Interfoto, München
9 (3. R. r. o.), 11 (o.), 12 (o.), 15 (u.), 30 (u.), 32 (o.), 35 (u.), 37 (u.), 41 (o. r.), 42 (o., u.), 45 (o.), 48, 49 (M.), 61 (o. l.), 62 (u.), 64 (o., u.), 65 (o.), 67 (u.), 69 (u.), 70 (o., u.), 71 (o., u.), 73 (1. R. r., 2. R. r., 3. R. l. u.), 74 (u.), 76 (o., u.), 78, 79 (u. r.), 80 (o.), 81 (o.), 86, 89 (u.), 91 (u.), 99 (r.), 101 (o.), 105 (o.), 106 (u.), 108 (M.), 112 (u. l.), 116 (u.), 122 (o.), 123 (u.), 125 (3. R. M.), 131 (u.), 135 (o.), 141 (u.), 157 (o.), 159 (3. R. M.), 170 (o.), 175 (o.), 176 (o.), 181 (o.), 189 (o.), 219 (u.), 220 (u.), 224 (o. r.), 242 (o.), 246 (o.),

mauritius-images, Mittenwald
49 (u.), 50 (u.), 89 (o.), 124 (o. r.), 128 (u. l.), 132 (o., u.), 136 (o. l.), 163 (M.), 178 (o.), 203 (u.), 204 (u.), 209 (o.), 211 (o.), 212 (u.), 215, 247 (u.), 251 (o.)

picture alliance/dpa, Frankfurt a. M.
6 (l., M., r.), 7 (l., r.), 8 (o. l., o. r., u. l. u. r.), 9 (1. R. l., 1. R. M., 1. R. r., 2. R., 3. R. l., 3. R. r. u., 4. R. l., 4. R. r.), 10 (l. r.), 11 (u. l., u. r.), 12 (u.), 13 (o., u.), 14 (o., u.), 15 (o.), 16 (o., u.), 17 (o. l., o. r., u.), 18, 19 (o., u.), 20, 21 (o. l., o. r., u.), 22 (o., u.), 23 (o., u.), 24 (o., u.), 25 (o., u.), 26, 27 (o., u. l., u. r.), 28 (o., u.), 29 (o., u.), 30 (o.), 31 (o., u.), 32 (u.), 33 (o., u.), 34, 35 (o.), 36, 37 (o.), 38, 39 (o., u.), 40 (o., u.), 41 (o. l., u.), 43 (o., u.), 44, 45 (u. l., u. r.), 46 (o., u.), 47 (o., u.), 49 (o.), 51 (o. l., o. r., u.), 52, 53 (o., u. l., u. r.), 54 (o., u.), 55 (o., u.), 56, 57 (o., u.), 58 (o., u.), 59 (o. l., o. r., u.), 60, 61 (o. r., u. r.), 62 (o.), 63 (o., u.), 65 (u.), 66 (o., u.), 67 (o.), 68 (o., u.), 69 (o.), 72 (o. l., o. r., u. l. u. r.), 73 (1. R. l., 2. R. l., 2. R. M., 3. R. l. o., 3. R. r.), 74 (o.), 75 (o., u.), 77 (o. l., o. r., u.), 79 (o., u. l.), 82, 83 (o., u.), 84 (o., u.), 85 (o., M., u.), 87 (o., u. l., u. r), 88 (o., u.), 90, 91 (o. l., o. r.), 92 (o., u.) 93 (o., u.), 94, 95 (o., u. l., u. r.), 96 (o., u.), 97 (o., u.), 98, 99 (l.), 100 (o., u.), 101 (u.), 102, 103 (o. M., u.), 104 (o., u.), 105 (u.), 106 (o.), 107 (o., u.), 108 (o., u.), 109 (o., u.), 110, 111 (o., u.), 112 (o., u. r.), 113 (o., u.), 114, 115 (o. l., o. r., u.), 116 (o.), 117, 118 (o., u.), 119, 120, 121 (o. l., o. r., u.), 122 (u.), 123 (o.), 124 (o. l., u. l. u. r.), 125 (1. R. l., 1. R. r., 2. R. l., 2. R. r., 3. R. l., 3. R. r., 4. R. l., 4. R. r.), 126, 127 (o., u.), 128 (o., M., u. r.), 129 (o., u.), 130, 131 (o.), 133 (o., M. u.), 134, 135 (u.), 136 (o., u. r.), 137 (o., u.), 138 (o., u.), 139 (o., u.), 139 (o., M., u.), 141 (o.), 142, 143 (o., M., u.), 144 (o., u.), 145 (o., M., u.), 146, 147 (o., u.), 148 (o. l., o. r., u.), 149 (o., u.), 150, 151 (o., M., u.), 152 (o., u.), 153 (o., u.), 154, 155 (o., u. l., u. r.), 156 (o., u.), 157 (u.), 158 (o. l., o. r., u. l. u. r.), 159 (1. R. l., 1. R. r., 2. R. l., 2. R. r., 3. R. l., 3. R. r., 4. R. l., 4. R. r.), 160 (o., u.), 161 (o., u.), 162 (o., u.), 163 (o., u.), 164 (o., u.), 165 (o., u. l., u. r.), 166, 167 (o. l., o. r., u.), 168, 169 (o., M., u.), 170 (u.), 171 (o., u.), 172 (o., u.), 173 (o., u.), 174 (o., u.), 175 (u.), 176 (u.), 177 (o., u.), 178 (u.), 179 (o., u.), 180 (o., u.), 181 (u.), 182, 183 (o., u.), 184 (o., u.), 185 (o., u.), 186, 187 (o., u.), 188 (o., u. l., u. r.), 189 (u.), 190, 191 (o., u.), 192 (o., u.), 193 (o., u.), 194, 195 (o., u.), 196 (o., u.), 197 (o., M., u.), 198 (o., u.), 199 (o., u.), 200 (o., u.), 201 (o., u.), 202, 203 (o.), 204 (o.), 205 (o., u.), 206, 207 (o., u.), 208 (o., u. l., u. r.), 209 (u.), 210, 211 (u.), 212 (o.), 213 (o., u.), 214 (o., u.), 216 (o., M., u.), 217 (o., u.), 218, 219 (o.), 220 (o.), 221 (o., u.), 222, 223 (o., u. l., u. r.), 224 (o. l., u.), 225 (o., u.), 226 (o. l., o. r., u. l. u. r.), 227 (1. R. l., 1. R. M., 1. R. r., 2. R. l. o., 2. R.,l. u., 2. R. r., 3. R., 4. R. l., 4. R. r.), 228, 229 (o., u.), 230 (o., u.), 231 (o., M., u.), 232 (o., u.), 233 (o., u.), 234 (o., u.), 235 (o., u.), 236 (o., u.), 237 (o., u.), 238 (o., u.), 239 (o., u.), 240, 241 (o., u.), 242 (u.), 243 (o., u.), 244, 245 (l., r.), 246 (u.), 247 (o., M.), 248 (o., u.), 249 (o., u.), 250 (o., u.), 251 (u.)